edition suhrkamp 2485

Die italienische Soziologin Elena Esposito untersucht die Parallelität zwischen der modernen *fiction* und der Wahrscheinlichkeitstheorie, die beide im 17. Jahrhundert entstanden sind. Grundthese des Buches ist, daß es sich in beiden Fällen um typisch moderne Formen der Realitätsverdoppelung handelt, die auf Veränderungen der Gesellschaft reagieren. Die *fiction* entwickelt sich als explizit erfundene (also falsche) alternative Realität, die dennoch zum Verstehen und zur Gestaltung der Erfahrung aller Mitglieder der Gesellschaft beiträgt. Wahrscheinlichkeit und Statistik hingegen sind auf die gegenwärtige Zukunft bezogene Fiktionen, die es erlauben, in der Gegenwart Entscheidungen zu treffen, aus denen künftige Gegenwarten entstehen – die dann andere sein werden, als man vorher dachte. Diese zirkuläre Situation führt zu einer Neuinterpretation der Rolle der Statistik für die gegenwärtige Gesellschaft.

Elena Esposito, geboren 1960, lehrt Soziologie an der Universität Modena e Reggio Emilia. Im Suhrkamp Verlag sind zuletzt erschienen: *Die Verbindlichkeit des Vorübergehenden. Paradoxien der Mode* (2004) sowie *Soziales Vergessen. Formen und Medien des Gedächtnisses der Gesellschaft* (2002).

Elena Esposito

Die Fiktion der wahrscheinlichen Realität

Aus dem Italienischen von
Nicole Reinhardt

Suhrkamp

Klimaneutral
Druckprodukt
ClimatePartner.com/14438-2110-1001

5. Auflage 2023

Erste Auflage 2007
edition suhrkamp 2485

Originalausgabe

Satz: Jung Crossmedia Publishing, Lahnau
Druck: C. H. Beck, Nördlingen
Umschlag gestaltet nach einem Konzept
von Willy Fleckhaus: Rolf Staudt
Printed in Germany
ISBN 978-3-518-12485-7

www.suhrkamp.de

Inhalt

I. Die Realitätsverdoppelung

Dieser Essay geht von einer Beobachtung aus, die selbst Soziologen, die historischen Einzelfällen in der Regel skeptisch gegenüberstehen, zu denken gibt: Die Wahrscheinlichkeitsrechnung und der moderne Roman entstanden beinahe zeitgleich. Ausgehend von den Arbeiten Pascals und Fermats wird die Geburtsstunde der Wahrscheinlichkeitstheorie in der zweiten Hälfte des 17. Jahrhunderts angesetzt, während Madame de Lafayettes Roman *La Princesse de Clèves* aus dem Jahr 1678 als Ursprung einer variantenreichen Tradition der *fiction*[1] gilt.[2] Wie soll man das verstehen? Handelt es sich um bloßen Zufall, oder gibt es zwischen diesen auf den ersten Blick so entfernten Bereichen eine Verbindung zumindest auf der Ebene der semantischen Voraussetzungen?

Ich gehe von der zweiten Hypothese aus und möchte sie anhand des systemtheoretischen Konzepts der Realitätsverdoppelung entfalten. Dabei werde ich die neuen Auffassungen der Realität, die in der Fiktion und der Wahrscheinlichkeitsrechnung zum Ausdruck kommen, im Zusammenhang mit Prozessen tiefgreifenden sozialen Wandels diskutieren.[3]

Über die Realität kann man nur sprechen, wenn man sie

1 Englisch im Original (A. d. Ü.).

2 Cervantes' *Don Quijote*, der manchmal als erster moderner Roman bezeichnet wird, verkörpert noch nicht die explizit fiktionale Wirklichkeitskonstruktion, die für die moderne Form des Erzählens charakteristisch ist: Aufgrund der Verflechtung von Wirklichkeit und Erfindung und des ständigen Wechsels der Perspektive zwischen Autor, Leser und Protagonisten, die noch und gerade heute die Faszination des Buchs ausmachen, ist er vielmehr in der Periode der ersten Experimente mit Wirklichkeit und Fiktion anzusiedeln.

3 Zum Konzept der Realitätsverdoppelung Luhmann 2000, S. 58 ff.

von etwas abgrenzt, das entweder als nicht-real oder als auf andere Weise realistisch beschrieben wird: Wenn an dieser Stelle von Verdoppelung die Rede ist, dann ist damit eine Gliederung innerhalb des Bereichs der Realität gemeint, aufgrund deren die reale Realität von einer Realität anderer Art unterschieden werden kann. Das gilt zum einen für die Scheinrealität der Romane, die keine Lügen sind, obwohl sie von Personen und Ereignissen handeln, die nicht existieren und niemals existierten. Das gilt aber auch für das Wahrscheinliche, das nicht notwendigerweise wahr ist, selbst wenn es nicht falsch ist. Natürlich verändert die Verfügbarkeit dieser alternativen Bereiche auch die Bedeutung des Realen und seine praktischen Konsequenzen: »Für den Beobachter entsteht erst dann Realität, wenn es in der Welt etwas gibt, wovon sie unterschieden werden kann.«[4]

Dieser Arbeit liegt die Hypothese zugrunde, daß im 17. Jahrhundert ein historisch neuartiges Verhältnis zur Realität entstand, ja, daß hier zum ersten Mal jene Realitätsverdoppelung erfahrbar wurde, die typisch ist für moderne Gesellschaften.

In dieser Formulierung klingt die Hypothese wenig originell, eher wie die x-te Variation einer Interpretation der Moderne, zu der es bereits im Überfluß Literatur gibt. Im Prinzip ist das richtig. Der Vorteil meiner Analyse besteht jedoch darin, daß sie im Rahmen einer allgemeinen Gesellschaftstheorie verortet ist. Ich werde die Realitätsverdoppelung im Zusammenhang mit strukturellen Veränderungen auf der Ebene der Kommunikations- und Interaktionsbedingungen diskutieren. Dadurch ist es jenseits rein impressionistischer Betrachtungen möglich, die Entstehung

4 Ebd., S. 59.

neuer Begriffe und Mentalitäten in Bereichen zusammenzudenken, die auf den ersten Blick nichts miteinander zu tun haben. Wenn dies gelingt, werden überraschende Verbindungen sichtbar: Wir werden bekannte Phänomene aus einer neuen Perspektive wahrnehmen. Die Frage nach dem Realitätsbezug ist dabei keine rein metaphysische, unser Verständnis von der Wirklichkeit hat nämlich sehr konkrete Auswirkungen auf die alltägliche Kommunikation. Weil das oft vernachlässigt wurde, konnte eine Reihe (scheinbarer) Rätsel bis heute nicht befriedigend gelöst werden.

Doch zurück zu den Themen, die im Mittelpunkt dieses Essays stehen sollen: Was früher für das Verhältnis zwischen *fiction* und Wirklichkeit galt, gilt heute für die Beziehung zwischen den Massenmedien und der Realität – sie ist Gegenstand hitziger Debatten. Man denke etwa an das eher banale Phänomen des Reality-TV à la »Big Brother« oder an Jean Baudrillards zunächst einleuchtende These, nach der der Golfkrieg nie stattgefunden hat.[5] Auch das Verhältnis zwischen dem lediglich Wahrscheinlichen und der Wirklichkeit und der Status der Zahlen, die aus den Rechenoperationen der Wahrscheinlichkeitstheorie hervorgehen, sind alles andere als eindeutig. Man kann das im Alltag beobachten: Ein hungriger Gast, der in einem Restaurant ein halbes Hähnchen bestellt und dann einen leeren Teller bekommt, während seinem Nachbarn ein ganzes

5 So lautet die berühmte These Baudrillards (vgl. Baudrillard 1991), die er später ausführlich entfaltet hat (vgl. Baudrillard 1996). Thesen wie diese werden viel debattiert, doch immer – so scheint es zumindest mir – im Rahmen der Dichotomie real/irreal. Die Realitätsverdoppelung, um die es uns hier geht, verschiebt die Diskussion jedoch auf die Ebene der Beziehung zwischen verschiedenen Realitätsordnungen, die sich gegenseitig beeinflussen, ohne zu behaupten, daß eine dieser Ordnungen realer sei als eine andere.

serviert wird, dürfte sich ärgern, obwohl er sich sagen könnte, daß, statistisch gesehen, beide vor einem halben Hähnchen sitzen. Es gilt aber auch im abstrakteren Bereich der scheinbar so ausgeklügelten und komplexen Theorie selbst. Aber darauf werde ich noch ausführlich zurückkommen. Man weiß genau, daß eine korrekt berechnete Wahrscheinlichkeit im Hinblick auf die Zukunft keine Sicherheit bietet. Doch in welchem Verhältnis steht sie dann überhaupt zur Realität?

Im 17. Jahrhundert wurden heftige Auseinandersetzungen um unterschiedliche Realitätskonzepte ausgetragen. Das Jahrhundert befreite sich erst allmählich von der Unruhe, den Dilemmata, den Qualen, Rätseln und Experimenten, die durch das Zerbrechen der zuvor nicht in Frage gestellten Beziehung zwischen Erscheinung und Substanz ausgelöst wurden.[6] In früheren Epochen galt diese Beziehung als vollkommen unproblematisch: Die Erscheinung war Ausdruck der Substanz und besaß ihr gegenüber keinerlei Freiheit. Die Verwirrung über die Einsicht in die Kontingenz dieser Beziehung spiegelte sich im Barock im Stil von Architektur, Mode und Literatur: Täuschungen und Ornamente, Verkleidungen und Metamorphosen, Perspektivenwechsel und Paradoxa, Künstlichkeit und Natur – man setzte sich auf vielfältige Weise mit dem Zusammenhang zwischen diesen Ebenen auseinander. Am Ende des Jahrhunderts kristallisierten sich dann einige Antworten heraus, die zu den Voraussetzungen semantischer Evolu-

6 Vgl. Warnke 1972; Hocke 1977; Esposito 2004, Kapitel 3. Aus soziologischer Perspektive scheint unbestritten, daß diese Unruhe mit dem Übergang zu einem neuen Prinzip der primären Differenzierung in Zusammenhang zu bringen ist: die Ablösung der Schichtung bzw. stratifikatorischen Differenzierung durch eine neue, komplexere und von Kontingenz geprägte Ordnung. Die Systemtheorie spricht von funktionaler Differenzierung (vgl. Luhmann 1997, Kap. 4, VIII).

tionsprozesse gerinnen sollten. Erst langsam machte man im scheinbaren Chaos der Willkür und der grenzenlosen Kontingenz Kriterien und Regelmäßigkeiten aus, die eine Orientierung im Dickicht der Unsicherheit ermöglichten. Dazu gehörten die fiktionale Literatur und die Wahrscheinlichkeitstheorie, die in dieser Hinsicht als verwandt angesehen werden können.

Diese funktional-evolutionäre Herangehensweise an *fiction* und Stochastik widerspricht natürlich der verbreiteten Vorstellung, nach der fiktionale Texte von etwas handeln, das nicht existiert, während die Wahrscheinlichkeitsrechnung durchaus mit der realen Realität der Dinge zu tun habe.[7] Ich möchte zeigen, daß beide Annahmen nicht korrekt oder zumindest ein wenig zu oberflächlich sind. Die fiktive Realität der *fiction* bleibt nicht ohne Folgen für die reale Realität. Außerdem erscheint uns heute das Verhältnis von Realem und Wahrscheinlichem als ausgesprochen komplex und mehrdeutig, was die große Zahl ungelöster Rätsel beweist, die die Stochastiker bis heute umtreiben. Bezieht sich der Begriff der Wahrscheinlichkeit auf einen Beobachter, der ein bestimmtes Szenario für mehr oder weniger wahrscheinlich hält (man spricht hier von »subjektiver« Wahrscheinlichkeit), oder sind verschiedene Szenarien objektiv unterschiedlich wahrscheinlich (»objektive« Wahrscheinlichkeit)? Drückt der Begriff einen Grad des Vertrauens oder eine Art des Erkennens aus? Setzt er eine stabile Welt voraus? Erlaubt er die Berücksichtigung des Risikos? Diese Probleme hängen mit den (auf den ersten Blick) anschaulichen Gedankenexperimenten, Würfelspielen oder Urnenmodellen etwa, zusammen, die in der Wahr-

7 Vgl. Kapitel V.

scheinlichkeitstheorie eine große Rolle spielen. Alle Überlegungen zum Würfeln gehen davon aus, daß es eine begrenzte Zahl möglicher Ereignisse gibt (die Augenzahlen eins bis sechs), denen sich die jeweiligen Wahrscheinlichkeiten zuordnen lassen. Doch in der Realität sind Ereignisräume immer offen, der Begriff der Wahrscheinlichkeit setzt gleichsam sich selbst voraus, das heißt die Vorstellung einer geschlossenen Liste gleichermaßen wahrscheinlicher Möglichkeiten. Aber was haben diese abstrakten Überlegungen mit der wirklichen Welt zu tun?

Falls es gelingt, die mit der Entstehung der Wahrscheinlichkeitstheorie verbundene neuartige Vorstellung von der Realität genauer zu beschreiben, wird es möglich sein, die eigenartige Rolle zu verstehen, die statistische Erkenntnisse in unserer Gesellschaft spielen. So lautet die Hypothese, die ich in diesem Essay entfalten werde. Meinungsumfragen, Konjunkturprognosen und Statistiken aller Art sind in unserer Welt wichtige Anhaltspunkte für die Realität geworden. Sie gelten als informativ, obwohl die Wahrscheinlichkeitsrechnung ursprünglich das Ziel verfolgte, Wegweiser für die obskuren Bereiche der Unsicherheit und der bloßen Meinungen – nicht reale Bereiche par excellence also – anzubieten. Doch wie läßt sich diese Akzentverschiebung, in deren Folge das Irreale den Platz des Realen einnimmt, erklären? Wie hängt diese Entwicklung mit der Semantik der Moderne zusammen? Und: Was hat das alles mit fiktionaler Literatur zu tun?

II. Realistische Fiktion und undurchschaubare Realität

Zur Untersuchung des frühneuzeitlichen Realitätsbegriffs lohnt es sich, vom etwas besser untersuchten Bereich der *fiction* auszugehen und zumindest kurz die zunehmende Akzeptanz immer realistischerer fiktiver Realitäten zu betrachten, von Realitäten also, deren Legitimation als Fiktion sich gerade aus ihrem Realismus ergibt. Mit anderen Worten: Die *fiction*, so scheint es, wird als fiktive Konstruktion dann akzeptabel, wenn sie eine Welt vorstellt, die so plausibel ist, daß sie wahr sein könnte.

Bereits in der Antike erlaubte die Ästhetik der Erzählung ein gewisses Maß an Unabhängigkeit gegenüber der Wahrheit. Das belegt der vielzitierte Satz aus Aristoteles' *Poetik*, nach dem das glaubwürdige Unmögliche dem unglaubwürdigen Möglichen vorzuziehen sei. Man setzte sich lieber mit glaubwürdigen Unwahrheiten als mit unplausiblen Wahrheiten auseinander. [1]

Fraglich ist allerdings, was genau man unter »glaubwürdig« zu verstehen hat. Die antike Bedeutung des Begriffs unterscheidet sich deutlich von der, die sich ab der Renaissance durchsetzte.[2] Der antike Realitätsbegriff genoß hinsichtlich der reinen Tatsachen eine gewisse Autonomie: Das Glaubwürdige wurde in erster Linie moralisch definiert. Es ging nicht darum, die Welt in all ihrer Kontingenz darzustellen, sondern so, wie sie sein sollte, ausgerichtet am Ideal, am Paradigma oder am Vorbild.[3] Nicht die einfache Über-

1 Aristoteles 1994a, Kapitel 24 und 25.
2 Vgl. Hathaway 1968.
3 Vgl. Nelson 1973; Davis 1983, S. 32f.; Blumenberg 1964.

einstimmung mit der Welt diente also als Kriterium für Wahrheit oder Glaubwürdigkeit, sondern die Übereinstimmung mit einem höheren, normativen Sinn. In der rhetorischen Welt des heiligen Augustinus galt daher nicht jeder fiktionale Text als Lüge: Das war nur dann der Fall, wenn etwas ohne jede moralische Bedeutung vorgetäuscht wurde; hatte die Fiktion jedoch einen höheren Sinn, handelte es sich nicht um eine Lüge, sondern um eine Erscheinungsform der Wahrheit.[4] Die Fiktion konnte also »wahrer« sein als die tatsächliche Realität. In den Worten Sir Philip Sidneys: »Eine tatsächliche Wahrheit ist oft weniger wahrhaft als eine moralische Wahrheit.«[5] Als wahr oder glaubwürdig galten fiktive Welten, wenn keine internen Widersprüche vorlagen und die Texte mit anerkannten externen Wahrheiten übereinstimmten. Insofern bezog sich Wahrheit auf eine Form der »inneren Wahrscheinlichkeit«.[6]

Abgesehen davon mußte sich die *fiction* noch im 16. Jahrhundert gegen den latenten Vorwurf der Lüge verteidigen: Die Akzeptanz des Glaubwürdigen entsprach keineswegs der Annehmbarkeit reiner Fiktion. In den fiktionalen Texten selbst wurde dieses Problem meist nicht weiter thematisiert. Oder sie rechtfertigten sich, indem sie dem Leser, etwa durch die Schilderung phantastischer, völlig unglaubwürdiger Ereignisse, unmißverständlich signalisierten, daß es sich um erfundene Geschichten handelte. *Orlando Furioso* oder *Gargantua und Pantagruel* sind auch deshalb weitaus weniger realistisch als die Ritterromane und die Geschichten von Riesen, die sie parodieren, weil die Auto-

4 Augustinus, zit. nach Nelson 1973, S. 14.
5 Sidney 1595, S. 86.
6 Vgl. Hathaway 1968, S. 57. Diese Formulierung erinnert an den Begriff der »erzählerischen Notwendigkeit«, der von der jüngeren Literaturtheorie untersucht wird (vgl. z. B. Eco 1992, § 3.5.4, S. 264ff.).

ren der Renaissance ihre Leser nicht täuschen wollten. Dieses offensichtliche Bedürfnis, sich von der Realität abzugrenzen, kann als ein Symptom dafür interpretiert werden, daß die Frage nach dem Realismus allmählich problematisch wurde.

Das radikal neuartige Verständnis der frühen Neuzeit des Verhältnisses zwischen Realität und Realismus geht vom Theater aus. Agnew zeigt für England, daß das Theater der vor-elisabethanischen Zeit kein Illusionstheater war.[7] Es bemühte sich im Gegenteil um eine übertriebene Nähe zur Realität, die dem Realismus der Darstellung häufig abträglich war. Theaterrollen wurden zum Beispiel an Personen vergeben, die im Alltag zumindest einen ähnlichen Beruf ausübten wie auf der Bühne: Für das letzte Abendmahl wurden Bäcker ausgewählt, für die Geschichte Noahs Matrosen etc. Die Bühnenwelt war keine Alternative zur realen Welt, sondern ihre Fortführung, ähnlich einem Kommentar oder einer Begleitung. Erst im 16. Jahrhundert rückte der Begriff der *performance* semantisch immer näher an Begriffe wie Illusion und Schwindel heran. Es entstand eine neue Ambiguität im Hinblick auf die Grenzen und Bedingungen der Theatervorstellung, die zunehmend eine eigene Welt unterschiedlicher Realitäten entwarf. Diese galt als um so »wahrer«, je stärker sie sich von der realen Realität absetzte – der Realismus der Erzählung wurde nun als Gegensatz zur Welt der Tatsachen wahrgenommen. Oder wie Samuel Butler es formulierte: »Je stärker sich ein Schauspieler [...] verstellt, desto aufrichtiger ist er, und je weniger er von sich selbst zeigt, desto treuer ist er seiner Profession.«[8] Aber was für eine neue Art der Realität

7 Vgl. Agnew 1986.
8 *Characters* (um 1667-1669), zit. nach Agnew 1986, S. 101.

ist hier im Entstehen begriffen? Wie verhalten sich die Vorgänge auf der Bühne zur realen Realität?

Im Theater inszenierte die *fiction* zum ersten Mal den Gegensatz von Täuschung und Verstellung, von vorgetäuschten und wahren Intentionen, von Schein und Realität. Auf diese problematische Innovation des Barockzeitalters reagierten die Zeitgenossen mit Verunsicherung und Zweifel. Sie bewegten sich nun in einer Welt, in der man nicht mehr eindeutig zwischen Tatsachen und Illusionen unterscheiden konnte. Im Theater ist diese Täuschung jedoch das erklärte Programm, die Zuschauer können nicht nur die sichtbare Handlung beobachten, sondern auch die wahren Intentionen der Figuren, ihre Ränkespiele und Intrigen. Im Theater, und nur im Theater, kann (und muß) der Beobachter also beide Seiten des Problems sehen: Vorgetäuschtes und Tatsächliches – man denke nur an Shakespeare. In einer Welt, in der sich die Erscheinung von der Realität abgelöst hat, besteht der Realismus der Theatervorstellung gerade darin, diese Doppeldeutigkeit zu spiegeln, beide Aspekte darzustellen und sie für den Zuschauer sichtbar zu machen. In einer Welt, die immer undurchschaubarer wird, beruht die Realität der Fiktion gerade auf der Durchschaubarkeit der Täuschung. In den Begriffen der Systemtheorie handelt es sich dabei um eine Beobachtung zweiter Ordnung, die die Realität der Welt um die Anzahl der Beobachterperspektiven vervielfacht.[9] Im Mittel-

9 Man unterscheidet die Beobachtung erster Ordnung (die Beobachtung von Gegenständen) von der Beobachtung zweiter Ordnung (der Beobachtung der Beobachter): Im Fall der Beobachtung zweiter Ordnung beobachtet der Beobachter auch, was der beobachtete Beobachter beobachtet, d. h. die Welt dieses Beobachters, die von jener des ersten Beobachters oder der eines anderen verschieden sein kann. Das Standardwerk dazu hat von Foerster geschrieben (1982); für die Ausweitung des Konzepts in der Soziologie und seine Auswirkungen vgl. Luhmann 1990, S. 68ff.

punkt des Interesses steht nun nicht länger die absichtliche Täuschung durch die Schauspieler, sondern die ganz alltägliche Verschränkung von Beobachtung und Realität, von Schein und Authentizität.

Diese auf der Bühne erprobte Perspektive wird vom Roman, der zunächst selbst Täuschungen zum Gegenstand hat,[10] übernommen und ausdifferenziert. Doch später löst er sich gerade deshalb vom Ideal der Übereinstimmung mit der Welt, weil er einen Realismus anderer Art anstrebt: Der moderne Roman gibt keineswegs vor, reale Tatsachen oder die nunmehr undurchschaubare oder gar unverständliche Welt als Ganzes darzustellen. Er erschafft nun »zweite Welten«[11], in denen die Vielfalt der Intentionen und Perspektiven zutage tritt. Wenn der realistische Roman daher plausible Ereignisse erzählt, die alltäglichen Menschen zustoßen, dann geht es dabei nicht um bloße Nachahmung. Der Leser weiß, daß es sich um erfundene Personen handelt, während die Realität nie so geschlossen, in sich zusammenhängend und bedeutungsgeladen ist wie die Welt des Romans.[12] Die fiktive Realität des Romans ist keine Fiktion der Realität, sondern »die Fiktion der Realität von Realitäten«.[13] Sie stellt Bedingungen dar, die in der Welt normalerweise nicht zu beobachten sind, die Bedingungen nämlich, unter denen etwas als realistisch erscheint. Um realistisch zu sein, darf der Roman also gerade nicht real sein.

10 Wir denken hier an *La Princesse de Clèves*, aber auch an die Werke Daniel Defoes oder an Richardsons *Pamela*.

11 Zum Konzept der »zweiten Welten« vgl. Blumenberg 1964, S. 21; Jauß 1983.

12 Dies belegt das Beispiel der absoluten Notwendigkeit im Krimi, in dem jedes Detail von Bedeutung sein kann und daher interpretiert werden muß.

13 Blumenberg 1964, S. 27.

Aus dieser Eigenschaft fiktionaler Texte resultieren ihre ganz realen Folgen: Die Verfügbarkeit fiktiver Welten erlaubt es, zur wirklichen Welt auf Distanz zu gehen, sie »von außen« zu betrachten und ihr Alternativen gegenüberzustellen. Seit dem *Don Quijote* wissen wir, daß unser Verhältnis zur Realität durch die Erfahrung mit der Fiktion geprägt wird. Doch weil die Legitimation des Romans heute nicht mehr in Frage gestellt wird, hat der Begriff »fiktiv« nicht länger den Klang von Illusion und Täuschung. Don Quijote galt als verrückt, weil er die beiden Realitätssphären nicht auseinanderhalten konnte. Dagegen wirken heute die Menschen komisch, die keine Erfahrung mit Fiktion haben und sich im Verwirrspiel von Masken und Authentizität nicht zurechtfinden. *Fiction* wird so zum Spiegel, in dem die Gesellschaft ihre eigene Kontingenz reflektiert, die Normalität einer nicht mehr eindeutig festgelegten und bestimmbaren Welt.

III. Die Berechnung der Unsicherheit

Es scheint ganz so, als definiere sich Realität in der modernen Gesellschaft nicht nur über die Negation des Irrealen, sondern über die Spiegelung und den Austausch verschiedener Realitäten, die nicht eindeutig, aber auch nicht zufällig sind. Durch die Offenlegung ihres fiktiven Charakters »funktioniert« die *fiction* genau dann, wenn sie ihre »Andersartigkeit« zwar in bezug zur realen Realität, aber auf der Grundlage präziser Bedingungen entwirft: Der Roman muß realistisch sein, d. h. er muß eine Welt entwerfen, die der direkt erfahrenen Welt an Kohärenz entspricht oder diese gar übertrifft. Im Gegensatz zum Irrealen sind diese alternativen Realitäten strukturiert und an ausgesprochen präzise Bedingungen gebunden: Obwohl Robinsons Freitag eine erfundene Person ist, kann er weder weiß noch weiblich sein.

Da bereits die Realität der Beobachtungen zweiter Ordnung nicht mehr eindeutig ist, überrascht es nicht, daß es ihre Spiegelungen in fiktionalen Texten ebensowenig sind. Findet sich diese Form der Realitätsverdoppelung aber noch in anderen Bereichen als dem der *fiction*? Lassen sich auch das Interesse am Wahrscheinlichen und seine zunehmende Theoretisierung in diesem Licht interpretieren?

Die Unsicherheit, die im Zeitalter des Barock spürbar wurde, betraf nicht nur Verstellung und Täuschung auf der Ebene zwischenmenschlicher Beziehungen. Sie war auch ein Ausdruck neuartiger und grundlegender Probleme im Hinblick auf die gesicherte Erkenntnis der Gegenstände. Diese Schwierigkeiten ließen sich nicht länger mit der klassischen Unterscheidung zwischen Dogma und Skepsis bzw. zwischen Wissen und Meinung fassen. Es erschien nun wichtiger, sich mit dem Bereich zwischen diesen Polen auseinanderzusetzen und – wenn möglich – im Dickicht des Ungewissen Umrisse der Sicherheit und Orientierungspunkte auszumachen. In den meisten Fällen gibt es keine absolute Gewißheit, dennoch muß man Entscheidungen treffen und handeln. Doch auf welche Rationalitätsmodelle kann man in solchen Situationen zurückgreifen? Unter der Bedingung unvollständigen Wissens entspringt das Interesse an der Wahrscheinlichkeit dem Bedürfnis nach einer Berechnung des Vernünftigen, das nicht notwendigerweise wahr ist oder bewiesen werden kann. Es ist daher in einem Bereich zwischen den Extremen der absoluten Gewißheit und des völligen Zweifels angesiedelt.[1] Wegen seiner grundlegenden Bedeutung beschäftigte die Lösung dieses Problems um die Mitte des 17. Jahrhunderts eine Reihe von Forschern aus ganz unterschiedlichen Bereichen, die häufig mit den typisch »moralistischen« Fragestellungen der Zeit befaßt waren: Pascal, Fermat, Huygens, Leibniz, die Autoren aus dem Umkreis von Port Royal und viele andere mehr. Das Grundproblem bestand im ständigen Schrumpfen des Bereichs der Sicherheit und der entsprechenden Ausdehnung des lediglich »Faktischen«, wodurch Erfahrungen, Vermutungen, Meinungen und der bloße Glaube an Bedeutung gewannen, Haltungen also, die auch ohne absolute Sicherheit vernünftig und wohlbegründet sein wollten. In dem früher der Rhetorik vorbehaltenen Bereich entwickelte sich ein »konstruktiver Skeptizismus«,[2] un-

1 Vgl. Daston 1988, S. XII. Nach Foucault ist eine wichtige semantische Voraussetzung dafür die Anerkennung der Konventionalität der Zeichen (vgl. Foucault 1971).

2 Vgl. Shapiro 1983, S. 62.

vollständiges Wissen bedeutete nicht länger mangelndes Wissen, unabhängig von der konstitutiven Unsicherheit und Kontingenz des Einzelfalls ließ sich Gewißheit erzeugen.[3] Man nahm nun plötzlich Kenntnis von der Unkenntnis, sie wurde zu einem würdigen Gegenstand wissenschaftlichen Interesses. Die Wahrscheinlichkeitstheorie befaßte sich von Anfang an mit den Fehlern der Menschen, nicht mit denen der Natur.[4] Sie erschloß so, ganz ähnlich wie die fiktionale Literatur, ein riesiges Untersuchungsfeld jenseits des Tatsächlichen bzw. Wirklichen.

So wie *fiction* nicht einfach Lüge ist, obwohl sie Dinge und Ereignisse zum Gegenstand hat, die unwahr sind, behandelt die Wahrscheinlichkeitsrechnung unvollkommenes Wissen nicht als Irrtum, sondern als einen Bereich mit eigenen Regeln: »In diesem Sinne stellt die Wahrscheinlichkeitsrechnung eine rationale Form des Umgangs mit unserem unvollständigen Wissen dar.«[5] Die Theorie vollzog so den Bruch mit der klassischen Unterscheidung zwischen der Logik, die sich mit der Wahrheit und dem Realen befaßte, und der Rhetorik, die den Meinungen gewidmet war, die nur in Ausnahmefällen mit der Wahrheit übereinstimmten.[6] Die Wahrscheinlichkeitstheorie ist also genau in dem Gebiet zwischen apodiktischem Wissen und einfachen Überzeugungen angesiedelt. Sie umfaßt einen Bereich, in dem es »nicht notwendigerweise irrational war, unsicher zu sein«[7]. In unseren Begriffen handelt es sich also um eine spezifische Art der Realitätsverdoppelung.

Vor diesem Hintergrund ist die Frage, warum sich die

3 Vgl. Luhmann 1997, S. 990.
4 Vgl. Porter 1986, S. 72.
5 Smithson 1989, S. 51.
6 Ausführlicher dazu Esposito 2002, S. 116-124.
7 Daston 1988, S. 61.

Wahrscheinlichkeitstheorie erst relativ spät entwickelte,[8] einfach zu beantworten: Das Phänomen der »Zufälligkeit«, das ursprünglich der Göttin Fortuna zugeschrieben wurde, war bereits in der Antike bekannt. Auch die mathematischen Kenntnisse für die Formalisierung des Zufalls standen am Übergang zur Neuzeit bereits zur Verfügung. Doch da sich das Problem, mit Kontingenz umzugehen, bis ins 17. Jahrhundert nicht stellte, waren dafür auch keine Lösungen gesucht worden. Natürlich hatte es auch früher Situationen objektiver Unsicherheit gegeben, die Entstehung der Wahrscheinlichkeitstheorie verdankte sich also nicht einer veränderten Realität, sondern einer neuen Form der Beobachtung dieser Realität. Tatsächlich waren Glücksspiele bereits seit der Antike verbreitet, allerdings hatte man bisher noch nie versucht, den Regelmäßigkeiten hinter den Ergebnissen auf die Spur zu kommen.[9] Vermutlich war das kein Zufall: Solange das philosophische Denken Ordnung lediglich in der himmlischen und nicht in der irdischen Sphäre vermutete, kam es niemand in den Sinn, eine Theorie zur Systematisierung des Durcheinanders zu entwickeln. Die klassische Trennung zwischen himmlischer und irdischer Ordnung negierte somit in der Tat die modernen Formen der Realitätsverdoppelung. Man ging von einer einzigen und eindeutig gegebenen Welt aus, die hierarchisch gegliedert war in mehr oder weniger erhabene und damit mehr oder weniger wahre Bereiche. Diese wurden allerdings nicht als alternative, in sich geschlossene und nach eigenen Regeln strukturierte Realitätsordnungen aufgefaßt. In dieser Hinsicht stellt die Wahrscheinlichkeitsrechnung schon in ihren Anfängen im 17. Jahrhundert eine

8 Vgl. zum Beispiel David 1962, S. 21 ff.; Hacking 1975; Byrne 1968, S. 5.
9 Dies behauptet David 1962, S. 23; Dacunha-Castelle 1997, S. 21.

wirkliche Zäsur dar, da sie den Versuch unternahm, eine »Mathematik des Kontingenten«[10] zu entwickeln, d.h. Ordnung, Regelmäßigkeit und Notwendigkeit in Bereichen aufzudecken, in denen man sie zuvor nicht gesucht hatte.

Der Begriff der Wahrscheinlichkeit selbst ist weitaus älter, er entstand nicht erst in der zweiten Hälfte des 17. Jahrhunderts. Ursprünglich hatte er jedoch eine andere Bedeutung, die weitgehend mit dem bereits behandelten Konzept des Glaubwürdigen übereinstimmte. Glaubwürdigkeit bezog sich dabei nicht auf die Übereinstimmung mit Tatsachen, sie wurde vielmehr moralisch aufgefaßt: Sie bezog sich auf eine übergeordnete Bedeutung, mit der Welt an sich hatte sie wenig zu tun. Auch der Begriff der »internen Wahrscheinlichkeit« war bereits bekannt, doch auch sie bezog sich nicht auf Fragen faktischer Übereinstimmung. Nach der bis zu Thomas von Aquin gültigen Auffassung bezog sich das Konzept der Wahrscheinlichkeit auf Meinungen und Glaubenssätze, die nicht allgemeingültig und nicht logisch beweisbar waren. Als wahrscheinlich galt nicht das, was sich empirisch beweisen ließ, sondern das, was von respektierten Persönlichkeiten akzeptiert wurde oder durch die Autorität antiker Texte verbürgt war. Die Wahrscheinlichkeit beruhte also auf moralischen Kriterien, sie war eng verwandt mit Aufrichtigkeit und Redlichkeit und bezog sich auf die Frage, ob eine Meinung prinzipiell die Zustimmung anderer Personen finden konnte.[11] Dieses Verständnis des Begriffs lag auch dem Probabilismus zugrunde, der im 16. Jahrhundert von den Jesuiten entwickelt

10 Byrne 1968, S. 11.
11 Vgl. Hacking 1975, Kapitel 3. Zu Thomas von Aquin vgl. Byrne 1968, Kapitel XXIII-XXV.

wurde und den Pascal und Leibniz als erste Theoretiker der Wahrscheinlichkeit im modernen Sinn scharf ablehnten. Während sie eine von den Tatsachen ausgehende Ordnung suchten, basierte das Wahrscheinlichkeitskonzept der Jesuiten auf der Kasuistik: Die Erforschung und Auslegung antiker Texte sollte in konkreten Entscheidungssituationen Anhaltspunkte liefern. Wieder einmal mußten sich die Dinge den Texten beugen, und man kann nicht einmal sagen, daß es sich im Sinne der modernen Unterscheidung zwischen objektiver und subjektiver Wahrscheinlichkeit um eine subjektivistische Interpretation handelte. Der Begriff der Wahrscheinlichkeit wurde noch wesentlich qualitativ verstanden und ging einer solchen Unterscheidung voraus: Objektive und subjektive Interpretation wären als völlig gleichwertig angesehen worden, tatsächlich ging man problemlos von der einen zur anderen über.[12] Das wichtigste Kriterium der Wahrheit waren, wie wir bereits sahen, nicht Tatsachen, sondern Ideen, und die Ideen bezogen ihre Glaubwürdigkeit von den Autoritäten, die sie formuliert hatten, und aus den Quellen, in denen sie zu finden waren.

Diese Tradition hallt noch in den Positionen der ersten Probabilisten nach, auch wenn der Begriff der Wahrscheinlichkeit bei ihnen zum ersten Mal an ein neuartiges Verständnis von Evidenz gebunden ist: Eine Form der Evidenz, die sich in erster Linie auf Tatsachen stützte (die bis dahin unbekannte »innere Evidenz«) und nicht auf die Zeugnisse von Beobachtern oder die Autorität der Texte (»externe Evidenz«). Diese innere Evidenz jedoch wurde im Prinzip immer noch als Zeugnis verstanden: in diesem Fall als Zeugnis der Natur, der mittlerweile obersten Auto-

12 Vgl. Daston 1988, S. XIII.

rität. Von diesem Modell ging noch Galilei aus, der bekanntlich das Buch der Natur so lesen wollte, wie man einst die heiligen Texte gelesen hatte – ein Buch, das allerdings in der Sprache der Mathematik verfaßt war. Ganz im Sinne des Probabilismus gelangte man aber auch unter Berufung auf diese Autorität nicht zu verbindlichen Schlußfolgerungen, sondern lediglich zu Meinungen. Wie andere Meinungen auch wurden sie in erster Linie am Kriterium der Ausgewogenheit und am gesunden Menschenverstand gemessen. Diese Vorstellung hatte auch das ursprüngliche Verständnis der Wahrscheinlichkeitstheorie als »Berechnung des Vernünftigen« angeleitet. Die ersten Probabilisten befaßten sich mit einer Reihe von, in unseren Augen, äußerst unterschiedlichen Phänomenen, die die Glaubwürdigkeit von Zeugen ebenso umfaßte wie Sterblichkeitsziffern. Sie suchten vor allem nach Regelmäßigkeiten, die sich auf die Erwartungen der Beobachter bezogen.

In einer Welt, die immer undurchsichtiger, bedrohlicher und unvorhersehbarer wurde, wollten sie eine strenge Methode zur Bestimmung des »Sicherheitsgrades« von Erwartungen entwickeln: Was konnte man vernünftigerweise in einer unsicheren Welt erwarten, nach welchen Kriterien ließen sich Entscheidungen treffen, die man in der Zukunft nicht würde bereuen müssen, obwohl man ihre Konsequenzen in der Gegenwart nicht abschätzen konnte? Vor allem mußte man Kriterien finden, die sich auf die Beobachter bezogen und nicht auf die Welt, Anhaltspunkte, die Entscheidungen ermöglichten und trotz der Instabilität der Dinge Orientierung boten. Im Mittelpunkt stand also nicht das Wahre, sondern das Vernünftige in einem beinahe normativen Sinn. Es war kein Zufall, daß man sich dabei an der Justiz orientierte: Die Denkfigur, die im Rahmen der

Wahrscheinlichkeitstheorie später als Gleichverteilung von Elementarereignissen zur Voraussetzung probabilistischer Berechnungen werden sollte, bezog sich zunächst auf eine weitaus plausiblere Vorstellung von Unvoreingenommenheit, die sich in der Justiz entwickelt hatte:[13] Genau wie ein Vertrag nur dann gerecht ist, wenn er unsichere Gewinnchancen korrekt unter allen Parteien verteilt, ist die Berechnung einer Wahrscheinlichkeit nur dann sinnvoll, wenn die Wahrscheinlichkeiten der denkbaren Ereignisse bekannt sind. Bei Versicherungen, Leibrenten, Erbansprüchen oder beim Glücksspiel bleibt immer ein Restrisiko, niemand kann sicher sein, daß die Sache am Ende gut ausgeht. Die Wahrscheinlichkeitsrechnung sollte in solchen Situationen quantitative Kriterien in Form von »Sicherheitsgraden« liefern.[14] Doch über den Stand der Dinge und ihre zukünftige Entwicklung sagten diese nichts aus.

13 Vgl. dazu vor allem Daston 1988, S. 19ff.
14 Daston 1988, S. 33.

IV. Die Ordnung der Kontingenz

Wie läßt sich diese neue Sensibilität von einem soziologischen Standpunkt aus interpretieren? Warum wird die Unsicherheit zu einem Problem, warum beeinflußt sie plötzlich die Erwartungen der Menschen, warum verlieren überlieferte Autoritäten zunehmend an Ansehen? Wie die allgemeine Unruhe, die das Zeitalter des Barock erschütterte, hat die damit verbundene Unsicherheit, die den modernen Begriff der Wahrscheinlichkeit und den Versuch ihrer rechnerischen Normierung hervorbringt, ihren Ursprung in der Auflösung der sozialen und kosmologischen Geschlossenheit der klassischen Welt. Soziologisch kann man von einem Verlust der Kongruenz zwischen der sachlichen, der sozialen und der zeitlichen Dimension sprechen.[1] Die Beziehung zwischen den Tatsachen, den Meinungen der Beobachter und dem Zeitpunkt der Beobachtung wird auf bisher unvorstellbare Weise problematisch. Geschlossenheit bedeutet in diesem Zusammenhang, daß innerhalb einer gegebenen und eindeutigen Ordnung, die vielleicht nicht immer vollkommen verständlich gewesen sein mag, die Dinge so waren, wie sie waren – Zweifel waren ausgeschlossen. Die Sicherheit in der Sachdimension implizierte zugleich für die Sozialdimension, daß kanonische Texte und die Meinungen respektierter Persönlichkeiten verbindlich waren: Sofern sie nur sorgfältig genug beobachteten, interpretierten alle die Dinge auf die gleiche Weise, für individuelle Idiosynkrasien gab es keinen Raum. Man konnte sich also auf privilegierte Beobachter verlassen und

1 Vgl. Luhmann 1984, S. 112ff.

ihre Ansichten beruhigt übernehmen. Dasselbe galt auch für die Zukunft, die noch nicht problematisch geworden war. Man wußte zwar nichts über sie, sie galt aber nicht als ungewiß. Nach Aristoteles' bekannten Überlegungen zu den kontingenten Zukünften wußten die Menschen zwar nicht,[2] was die Zukunft für sie bereithielt. Die »zukünftigen Dinge«, so glaubte man, waren jedoch genau wie die gegenwärtigen vorherbestimmt. Damit war die Zeitdimension, ihrer Dunkelheit zum Trotz, im Einklang mit der Vorstellung einer wohlgeordneten Welt.

Doch diese semantische Ordnung geriet grundlegend ins Wanken, als sich zu Beginn der frühen Neuzeit die Veränderungen der Gesellschaftsstruktur vollzogen, die in der soziologischen Literatur bereits häufig beschrieben worden sind.[3] An erster Stelle sind hier die allmähliche Auflösung der hierarchischen Gesellschaftsordnung, die sich in den Vorstellungen einer geschlossenen Welt spiegelten, und die Erfindung und Verbreitung des Buchdrucks zu nennen, der eine neue Form der Kommunikation über Distanz ermöglichte. So wurde die Komplexität und Abstraktion der Kommunikation erheblich gesteigert, die Schranken zwischen sozialen Schichten und zeitlichen Bezugspunkten entfielen: Man kommunizierte nun mit unbekannten und unbestimmten Gesprächspartnern, die sich an einem anderen Punkt der Zeitachse befanden, mit dem ganz andere Perspektiven auf Vergangenheit und Zukunft verbunden waren. Diese Vervielfältigung der Perspektiven und damit der Kontingenz konnte nicht ohne Konsequen-

2 Vgl. Aristoteles 1994, Kap. 9, S. 11 ff.
3 Ich beziehe mich auf die Theorie der sozialen Systeme (vgl. Luhmann 1997 und 1992), doch kann an dieser Stelle auch auf Überlegungen aus anderen Disziplinen verwiesen werden, etwa auf die inzwischen klassischen Studien von Foucault 1971 und Lovejoy 1985.

zen in der Sachdimension bleiben, die Vorstellung einer stabilen Welt wurde fragwürdig. Die Sach-, die Sozial- und die Zeitdimension drifteten in einem bisher unbekannten Ausmaß auseinander, die Welt bürgte nicht länger für Konsens zwischen den Individuen oder für zeitliche Stabilität. Es wurde deutlich, daß gerade überlieferte Meinungen einen Anlaß zum Widerspruch darstellten, die Autorität der Texte und der *auctores*[4] wurde zu einer Meinung im modernen Sinn: einer kontingenten Ansicht eines einzelnen Beobachters. Vor allem galt die Zukunft jetzt als offen, d. h. als prinzipiell unsicher. Man betrachtete sie nicht länger als vorherbestimmt, sondern als abhängig von in der jeweiligen Gegenwart getroffenen Entscheidungen, die selbst (zirkulär) an Zukunftserwartungen ausgerichtet waren.

In dieser Situation begann man, sich wissenschaftlich mit dem Wahrscheinlichen zu beschäftigen. Man suchte Werkzeuge zur Bewältigung der Erwartungsunsicherheit und eine Form der empirischen Evidenz, die gewissermaßen die Stelle der alten Autoritäten einnehmen sollte, die aber kontingent blieb und keinen Konsens garantierte. Das Hauptproblem stellt die Konfrontation mit einer zutiefst unsicheren Zukunft dar. Die Unsicherheit betrifft nicht länger nur die Menschen, denen die Einsicht in die wahre Ordnung der Dinge verwehrt bleibt. Die Zukunft als solche entzieht sich dem Wissen, denn sie ist noch nicht, und nichts bürgt dafür, daß die aus der Vergangenheit gewonnenen Erkenntnisse uns Hinweise geben, wie wir ihr zu begegnen haben. Wir können auch nicht vorhersehen, welche Form sie tatsächlich annehmen wird. Da die Übereinstimmung zwischen Sach- und Zeitdimension verlorengegan-

4 Lateinisch im Original (A. d. Ü.).

gen ist, kann niemand wissen, ob die Zukunft, die wir uns heute ausmalen (die gegenwärtige Zukunft), auch tatsächlich die Zukunft sein wird, die sich im Lauf der Zeit herauskristallisieren wird (die zukünftigen Gegenwarten): Genau das ist gemeint, wenn von einer offenen Zukunft die Rede ist.[5] Die Zukunftsentwürfe der zukünftigen Gegenwart werden sich ihrerseits von denen unterscheiden, die man heute erstellt. Und unsere Gegenwart, die dann Vergangenheit sein wird, wird aus dieser Perspektive ganz anders erscheinen, als wir sie heute erleben. Vor diesem Hintergrund helfen weder zusätzliche Informationen noch Wissen über die Vergangenheit weiter. Man kann daraus nur lernen, daß man sich auf die Begegnung mit einer Zukunft vorbereiten muß, von der man lediglich weiß, daß sie anders sein wird als erwartet. Man kann nur darauf gefaßt sein, Überraschungen zu erleben – eine Situation, die wie alle Paradoxa inhaltsleer ist.

Wie geht man mit dieser Unbestimmbarkeit, die lähmend sein kann, um? Auf welchem Weg gelangt man von der Gegenwart in die Zukunft? Soll man sich blind vorantasten oder dezisionistisch Entscheidungen treffen? Da es für diese keine sicheren Anhaltspunkte gibt, erhöht sich die Ungewißheit in der Sozialdimension, weil man nicht weiß, wie die anderen darauf reagieren werden. Ist man jedoch an Konsens interessiert, benötigt man ein Instrument, mit dem Entscheidungen zwar nicht rational, aber doch für die anderen nachvollziehbar werden. Genau diesem Zweck dienen die Konstruktionen der Wahrscheinlichkeitstheorie.

Ich habe bereits erwähnt, daß auch die Zahlen, die auf der Basis stochastischer Modelle errechnet werden, eine

5 Vgl. Luhmann 1976.

Form der Realitätsverdoppelung darstellen, eine fiktive Realität, die nicht mit der realen Realität konkurriert, sondern eine alternative Beschreibung darstellt, die die verfügbare Komplexität weiter erhöht. Die zukünftigen Gegenwarten werden zwar eindeutig sein, aber wie sie genau aussehen werden, entzieht sich unserem Wissen. Man kann sich nicht an ihnen orientieren und wendet sich deshalb der gegenwärtigen Zukunft zu, über die man in der Form »wahrscheinlich/unwahrscheinlich« reden kann.[6] Wahrscheinlichkeiten lassen sich berechnen, man kann auf ihrer Grundlage Prognosen erstellen. Dabei ist jedoch vollkommen klar, daß es sich um reine Fiktionen handelt, denn die zukünftigen Gegenwarten werden nicht mehr oder weniger wahrscheinlich sein, sie werden sich nicht zu 40 oder 75 Prozent verwirklichen, sondern genau so, wie sie sein werden. Die Verwendung des Begriffs der Wahrscheinlichkeit erkennt dies implizit an, doch auch in diesem Fall ist die Fiktion aussagekräftiger als die (undurchschaubare) Realität.

Shackle unterscheidet an dieser Stelle zwischen Möglichkeit und Wahrscheinlichkeit,[7] wobei das Konzept der Möglichkeit sich auf die Situation eines Akteurs bezieht, der im Hinblick auf eine unsichere Zukunft eine Entscheidung treffen muß. Er weiß, daß sie sich auf eine bestimmte Art verwirklichen wird und er dazu mit seinem Handeln beiträgt. Dabei stehen ihm in der Gegenwart verschiedene Optionen offen, die allerdings nicht gleich verteilt sind. Er kann immer noch ein neues Szenario entwerfen und ihm,

6 Vgl. Luhmann 1992a, S. 140ff.; 1992b, S. 170ff.

7 Vgl. Shackle 1988 und 1972, S. 14ff. Zu einem auf den ersten Blick ähnlichen Argument aus dem Kontext der Theorie der »Fuzzy-Logik« vgl. Smithson 1989, S. 290.

unabhängig von den übrigen Szenarien, eine Wahrscheinlichkeit zuweisen. Addiert man schließlich die Wahrscheinlichkeiten all dieser möglichen Szenarien, ist das Ergebnis nicht notwendigerweise 1, sondern entsprechend dem Vorstellungsvermögen des Akteurs eine variable Zahl. Die Möglichkeit drückt seine Unsicherheit angesichts einer ungewissen Zukunft aus, die sich schließlich nicht graduell oder prozentual, sondern auf eine einzige Weise verwirklichen wird. Die Möglichkeit entspricht in unseren Begriffen also der Ausrichtung an den »zukünftigen Gegenwarten«. Sie sagt nichts über die Welt, sondern über die subjektiven Erwartungen des Beobachters. Sie drückt den »potentiellen Überraschungsgrad« aus, den er mit einem Szenario verbindet. Unter Wahrscheinlichkeit versteht Shackle etwas ganz anderes; sie ist mit dem Ansatz der Möglichkeit überhaupt nicht vereinbar. Während die Möglichkeit sich auf zukünftige Gegenwarten bezieht, entspricht die Wahrscheinlichkeit der Ausrichtung auf die gegenwärtige Zukunft. Wahrscheinlichkeiten, so Shackle, tragen die Spuren des Glücksspiels, in dessen Umfeld sie entstanden.[8] Das zeigt sich bis heute darin, daß trotz aller Vorsichtsmaßnahmen den Elementen einer (zumindest prinzipiell) abgeschlossenen Liste bestimmte Wahrscheinlichkeiten zugeordnet werden. Diese sind additiv, da ihre Summe – abgesehen von Rechenfehlern oder Wissenslükken – eins ergeben sollte, wie etwa die Summe der Wahrscheinlichkeiten für »Kopf« und »Zahl« beim Wurf einer Münze. Die Wahrscheinlichkeit ist eine »Verteilung der Si-

8 Die ersten Versuche, Wahrscheinlichkeiten zu berechnen, gehen auf das *Liber de Ludo Aleae* von Girolamo Cardano aus dem Jahr 1525 zurück, das sich mit dem Würfelspiel befaßt. Zur Beziehung zwischen Glücksspiel und Wahrscheinlichkeitsrechnung vgl. Coumet 1970, S. 574.

cherheit«,[9] die sich auf eine Welt bezieht, von deren Existenz man ausgeht. Im Gegensatz dazu ist die Zukunft naturgemäß ungewiß. Das ist sozusagen die ontologische Seite der Konstruktion: Man geht davon aus, daß es *ex ante* eine richtige Hypothese gibt und daß die Wahrscheinlichkeitsrechnung nur nötig ist, weil wir nicht wissen, welche es ist. Daher müssen wir versuchen, die Korrektheit der einzelnen Hypothesen in Zahlen zu fassen und ihre Wahrscheinlichkeit zu berechnen. Es existieren mehrere Hypothesen, und jede hat ihre eigene Wahrscheinlichkeit. Sie schließen sich aber wechselseitig aus, weil nur eine von ihnen richtig, d. h. real sein kann. Je höher die Wahrscheinlichkeit, desto naheliegender ist es, daß es sich um die richtige Hypothese handelt, und desto unwahrscheinlicher sind die konkurrierenden Hypothesen. Mit anderen Worten: In der gegenwärtigen Gegenwart ist die Zukunft unsicher. Wenn man sie jedoch nach allen Regeln der Wahrscheinlichkeitstheorie bearbeitet, kann man sie fiktiv so behandeln, als sei eigentlich schon sicher, was passieren wird. Das einzige Problem ist dann unser mangelhaftes Wissen.[10]

9 Shackle spricht von »einer Verteilung der Sicherheit« (1988, S. 3).
10 Ähnlich wie wir unterscheidet auch De Finetti zwischen Möglichkeit und Wahrscheinlichkeit. Möglichkeit entspricht bei ihm einer Form der Unsicherheit, die dennoch »am objektiven Bereich einer Logik der Sicherheit« teilhat (1981, S. 36). Deshalb ist sie weniger geheimnisvoll und weniger interessant für eine Person, die sich entscheiden muß. Im Gegensatz dazu versteht De Finetti Wahrscheinlichkeit als eine Form der authentischen Unsicherheit. Auf ihrer Basis kann man Voraussagen machen und Berechnungen anstellen. Sie ist eine Form der Unsicherheit, die »begründete und notwendige« Voraussagen zuläßt, gerade weil sich »Unsicherheitsgrade« formulieren lassen (1981, S. 91). Er versteht die Wahrscheinlichkeit als etwas, »das sich im [objektiven, E. E.] Feld der Möglichkeiten verteilen läßt«. Shackle interessiert sich jedoch für die Objektivität der Möglichkeiten (in unseren Begriffen: die Realität der Fiktion), die die Welt verändern, indem sie Anhaltspunkte für den weiteren Gang der Dinge liefern.

Damit bietet die Orientierung an den Wahrscheinlichkeiten natürlich entscheidende Vorteile, zumal sich ihre Werte exakt bestimmen lassen. Interessanterweise wurden die Verfahren zu ihrer Berechnung genau in der Zeit entwickelt, in der Wissen, das zuvor als sicher galt, nur noch als wahrscheinlich aufgefaßt wurde. Die Ungewißheit entstand also parallel zu den Instrumenten ihrer Bewältigung. Die Sicherheit, die sich aus den Operationen der Wahrscheinlichkeitsrechnung gewinnen läßt, bezieht sich allerdings nicht auf die Welt, sondern auf den Beobachter. Da es sich um Fiktionen handelt, kann er nur indirekte und unsichere Aussagen über die Zukunft machen, in Entscheidungssituationen stehen ihm nun aber verläßliche Kriterien zur Verfügung. Die intransparente Zukunft wird so zumindest fiktiv durchschaubar. Stochastische Berechnungen sind nachvollziehbar, sie ermöglichen Konsens. Ein Akteur, der auf dieser Grundlage eine Entscheidung trifft, kann sich auch dann gegenüber Dritten verteidigen, wenn sich die Realität ganz anders entwickelt als erwartet. Sofern er sich nicht verrechnet hat, kann ihm niemand einen Vorwurf machen. Die Wahrscheinlichkeitstheorie reduziert damit nicht nur in der Zeit-, sondern auch in der Sozialdimension Kontingenz, und Luhmann kann daher behaupten, daß die Stochastik mit ihrem Rationalitätsanspruch die überlieferten Gewißheiten einer kosmologischen Semantik, die »Wesenskonstanten« und Geheimnisse der Natur, die zuvor die Ordnung der Welt sicherstellten, ersetzte.[11]

Wie gesagt: Die Dinge entwickeln sich völlig unabhängig von allen Prognosen. Sosehr man sich auch müht, die Zukunft zu errechnen und der Zufälligkeit zu entziehen,

11 Luhmann 1991, S. 22.

man kann sich nie sicher sein, daß die fiktiven Vorhersagen der Wahrscheinlichkeitsrechnung tatsächlich eintreten werden. Aber das war auch gar nicht der Zweck einer Disziplin, die explizit als »Berechnung der Vernunft« entstanden war: Sie sollte lediglich die Unsicherheit der Beobachter reduzieren – mit dem tatsächlichen Lauf der Welt hatte sie nichts zu tun.

V. Die Realität des Wahrscheinlichen

Dieses Verständnis veränderte sich allerdings in der ersten Hälfte des 19. Jahrhunderts. Das Leibnizsche Motto »Laßt uns rechnen« versprach zwar nach wie vor eine Systematisierung der Vorsichtsmaßregeln, doch allmählich stellte man fest, daß die mathematische Formalisierung zu Ergebnissen führte, die dem gesunden Menschenverstand widersprachen. Angewandt auf das berühmte Paradoxon von Sankt Petersburg kommt die Wahrscheinlichkeitsrechnung zu einer Handlungsempfehlung, für die sich kein vernünftiger Mensch je entscheiden würde.[1] Dieses Beispiel erregte gerade deshalb so großes Aufsehen, weil es das ursprüngliche Anliegen der Wahrscheinlichkeitsrechnung auf den Kopf stellte: Anstatt den Akteuren vernünftige Leitlinien für ihr Handeln an die Hand zu geben, stellte die Theorie nun auf einmal die Intuition in Frage und drohte diese praktisch zu ersetzen. Die quantifizierten Wahrscheinlichkeiten widersprachen den qualitativen Erwartungen. Zwischen Vernunft und mathematischer Formalisierung tat sich ein neuer Gegensatz auf, wobei letztere sich langfristig durchsetzen sollte. Die Unterscheidung zwischen der »objektiven« und der »subjektiven« Wahrscheinlichkeit, über

1 Eine Spielbank in St. Petersburg gestattete es den Spielern, auf »Kopf« oder »Zahl« zu wetten und den Einsatz so lange zu verdoppeln, bis zum ersten Mal »Zahl« gewinnt. Es gehörte schon immer zu den Basisannahmen der Ökonomie, daß die Erwartung eines Gewinns sich ergibt aus dem Produkt des erzielbaren Gewinns und der Wahrscheinlichkeit, ihn tatsächlich zu erhalten. Abstrakt gesehen, ist in diesem Fall die Erwartung der Spieler unbegrenzt, weil sie eine unbegrenzt hohe Summe gewinnen können; jeder Spieler müßte daher bereit sein, für die Teilnahme am Spiel alles einzusetzen, was allerdings in der Regel nicht der Fall sein dürfte. Zur Geschichte und Interpretation des Paradoxons Jorland 1987.

die bis heute ohne abschließendes Ergebnis diskutiert wird, ist dafür ein sehr gutes Beispiel: Die »objektive« Wahrscheinlichkeit bezieht sich auf die Regelmäßigkeit zufälliger Ereignisse, auf Merkmale der Welt, die normalerweise in Frequenzbegriffen ausgedrückt werden. Die »subjektive« Wahrscheinlichkeit dagegen gibt Auskunft über den Grad des Vertrauens, den eine Person dem Eintreten einer bestimmten Möglichkeit entgegenbringt. Es handelt sich also um ein Merkmal des Beobachters.[2]

Die Positionen gelten als Alternativen, die sich gegenseitig ausschließen: Entweder liegen die Wahrscheinlichkeiten in der Welt objektiv vor, oder sie sind subjektiver Natur. Doch dann, darauf weist De Finetti hin, »existieren sie nicht«.[3] Um zu betonen, daß es sich bei Wahrscheinlichkeiten um intersubjektive Bezugspunkte handelt, die als solche nicht existieren, würde De Finetti lieber von »öffentlichen Wahrscheinlichkeiten« sprechen.

»Subjektivisten« wie er sind dabei übrigens die überzeugtesten Verfechter der Objektivität der Welt, mit der sich eine Wissenschaft des Sicheren befaßt, in der dann wiederum auch Platz für das Mögliche ist. Der Bereich des Subjektiven ist für sie dagegen etwas völlig anderes, ein Gebiet, das spezifische Instrumente erfordert.

2 Vgl. Daston 1988, S. 188ff. Diese Unterscheidung taucht noch heute in unterschiedlichsten Formen auf. Man spricht von stochastischer vs. epistemologischer Wahrscheinlichkeit (vgl. Hacking 1975, S. 22), von Frequenztheorie vs. axiomatische Theorie, die z. B. von Keynes und Jeffreys vertreten wird (vgl. Hicks 1979, Kapitel 8), von einem mathematisch apriorischen Wahrscheinlichkeitsbegriff, anwendbar auf Glücksspiele oder allgemein jene Fälle, in denen man die Zahl aller möglichen Fälle kennt, vs. einem aposteriorischen Wahrscheinlichkeitsbegriff, der nur die Bestimmung der eigenen Unkenntnis zuläßt (vgl. Knight 1921, S. 203ff.; Shackle 1972, S. 15ff.). Der logische Positivismus stellt die relative Frequenz dem Bestätigungsgrad gegenüber (vgl. Carnap 1950).

3 De Finetti 1980, S. 1146.

Aus dieser Konstellation ergeben sich scheinbar kuriose Positionen: Gerade der subjektivistische Ansatz geht nämlich keineswegs in Willkür oder Laxismus über, er verpflichtet im Gegenteil zu größter methodischer Strenge. Da die Subjektivisten vermuten, daß die Kohärenz von Behauptungen nicht mehr *a priori* durch die Welt sichergestellt wird, muß ihre Widerspruchsfreiheit Schritt für Schritt überprüft werden. Ganz unabhängig davon, wie wahrscheinlich »Zahl« beim Münzwurf tatsächlich ist, wer sie subjektiv mit 50 Prozent veranschlagt, kann dem Ergebnis »Kopf« nicht 40 oder 60 Prozent zuordnen. Die interne Kohärenz stellt also die einzige, dabei aber ausgesprochen sichere Garantie der subjektivistischen Konstruktion dar. Bei aller Vorsicht spricht De Finetti von objektiver Kohärenz, die jenseits aller Meinungen gültig sei und die so tatsächlich zu einem normativen Kriterium wird.[4] Auch wenn die Subjektivisten von einer verbindlichen Definition der Wahrscheinlichkeit ausgehen, läßt sich auf der Grundlage dieser Definition eine unendliche Zahl subjektiver Prognosen vornehmen, da jeder denken kann, was er will. Im Gegensatz dazu bestehen die Objektivisten auf der Möglichkeit, objektive Wahrscheinlichkeiten anzugeben. Sie sprechen daher auch von der »realen« Wahrscheinlichkeit. Allerdings hängt diese in konkreten Situationen von sehr vielen Faktoren ab, wodurch die Objektivisten gezwungen sind, in komplexen Modellen alle potentiell relevanten Aspekte zu berücksichtigen.[5] Aber welche der beiden Schulen hat recht? Da wir alle wissen, daß die reale Entwicklung regelmäßig den statistischen Vorhersagen wider-

4 Vgl. De Finetti 1981, S. 103.
5 Vgl. De Finetti 1980, S. 1160.

spricht, sind wir gezwungen, einen der folgenden Standpunkte einzunehmen: Entweder lügt die Statistik,[6] oder die, die sie interpretieren, irren sich. Man kann dann nur hoffen, daß »es eines Tages für einen guten Bürger genauso notwendig sein wird, statistisch zu denken, wie lesen und schreiben zu können«, wie es in einem vielzitierten Satz von H. G. Wells heißt.[7]

Die Mathematisierung der Wahrscheinlichkeit, wie sie sich am Ende des 19. Jahrhunderts herausbildete, neigt allerdings tatsächlich dazu, diese als objektive Kategorie der Erkenntnis und nicht einfach als Berechnung zu präsentieren.[8] Es setzt sich die meist unreflektierte, doch weitverbreitete Vorstellung durch, wonach Zahlenaggregate und Mittelwerte der Untersuchung von Merkmalen bestimmter, inhärent unbeständiger Gegenstände dienen: Die Unsicherheit wird hier nicht mehr den begrenzten Möglichkeiten des Beobachters zugeschrieben, sondern der Unbeständigkeit der Gegenstände, der man mit bestimmten Techniken begegnen kann. Die Wahrscheinlichkeitsrechnung entwickelt sich zu einer sicheren Methode für die Untersuchung unsicherer Gegenstände und nicht zu der Disziplin der Unsicherheit, die sie ursprünglich war. Der entscheidende Schritt ist die Unterscheidung zwischen einer Mikro- und einer Makroebene, die auf dem typisch modernen Gesetz der großen Zahl beruht,[9] das etwa in den

6 Aus diesem Grund konnte Huff ein ganzes Buch der Frage widmen, wie man mit Statistik lügt (1956).
7 Vgl. Gigerenzer 2004, S. 41.
8 Vgl. Porter 1986.
9 Man denke nur an die Vorstellung von der »unsichtbaren Hand«, das Dogma der effizienten Märkte oder an die noch weiter verbreitete Vorstellung der prinzipiellen Rationalität der öffentlichen Meinung z. B. im Sinne von Habermas (1962).

Arbeiten Quételets zum Ausdruck kommt: Chaos auf der Mikroebene kann auf der Makroebene eine stabile Ordnung erzeugen. Auf einzelne Ereignisse wirken eine Reihe zufälliger und unkontrollierbarer Faktoren ein, aber in der Masse und auf lange Sicht setzt sich die Ordnung durch. Diese Vorstellung hat den großen Vorteil, daß die festgestellte Unordnung sich mit dem Postulat der Ordnung, die Kontingenz sich mit einer Art abgeleiteter Notwendigkeit verbinden läßt. Während man bis ins 18. Jahrhundert hinein die Ordnung des Universums der göttlichen Vorhersehung zuschrieb (man denke nur an Pascal), wird die Problemstellung im ausgehenden 19. Jahrhundert sehr viel flexibler und vielfältiger. Es gibt keine einheitliche Welt mehr, in der auf individueller und allgemeiner Ebene, im Einzelmenschen und im göttlichen Ratschluß dieselbe Logik vorherrscht, sondern eine Ordnung, die sich *trotz* der – keineswegs geleugneten – Zufälligkeit kontingenter Ereignisse und der Irrationalität der Individuen durchsetzt. Und diese Vorstellung von Ordnung ist ganz offensichtlich empirisch weitaus plausibler.[10]

Die Techniken zur Beherrschung der Unsicherheit, die sich ursprünglich auf die dunkle Zukunft bezogen, werden so auf alle Felder übertragen, auf denen mit unzureichenden Kenntnissen zu rechnen ist. Doch das führt schließlich dazu, daß auch die Gegenwart und die Welt der Tatsachen unsicher werden. Der Vermutung folgend, daß die Erzeugung von Ordnung auf der Makroebene aus dem Chaos auf der Mikroebene bestimmten Gesetzmäßigkeiten unterliegt, die sich untersuchen lassen, löst sich die Wahrscheinlichkeit von ihrer ausschließlichen Ausrichtung auf das Zu-

10 Vgl. Daston 1987.

künftige ab, um sich nun allen möglichen Gegenständen zuzuwenden. So wie zwischen einer Prognose und ihrem Eintreten unterscheidet man heute zwischen der Wahrscheinlichkeitsrechnung im eigentlichen Sinn und der Statistik, wobei erstere als prognostische und letztere als bilanzierende Schätzung verstanden wird.[11] Mit dieser Unterscheidung ist die kuriose Interpretation verbunden, nach der lediglich die Wahrscheinlichkeit unsicher und subjektiv sei, während die Statistik sichere und objektive Ergebnisse hervorbringe. Die Statistik liefert also angeblich eine sichere Beschreibung der Welt, die die Unsicherheit des Beobachters neutralisiert.

Wie in anderen Fällen zieht auch die neue Vorstellung von der alternativen Realität eine Veränderung der Interpretation des Realen nach sich, die inzwischen so weit verbreitet ist, daß sie uns kaum noch auffällt. Vor dem 19. Jahrhundert lebte man in einer Welt, in der es weder Wachstumsraten noch Wahlumfragen oder Prognosen für die Entwicklung des Bruttoinlandsprodukts gab, »Dinge«, die alle zu unserem Alltag gehören.[12] Diese veränderte Haltung geht mit einer feinen und andauernden Verschiebung der Interpretation der formalisierten Wahrscheinlichkeiten einher: Die »Wissenschaft des Unbekannten«, die einst in deutlicher Abgrenzung zum Bereich des Sicheren und Wahren entstand, strebt heute danach, ein Äquivalent oder doch zumindest einen Ersatz für die Sicherheit anzubieten.[13] Man untersucht nicht mehr Fehler und ihre Regeln,

11 Vgl. De Finetti 1980, 1170.
12 Vgl. Porter 1986, S. 12.
13 Vgl. Byrne 1968, S. 16. Was früher als Bekenntnis unzureichenden Wissens galt, wird nun als eine spezifische Wissensart ausgegeben (vgl. Shackle 1972, S. 16).

sondern vielmehr »Zufallsgesetze«:[14] sichere Kriterien für einen objektiv unsicheren Bereich, eine vom Beobachter unabhängige Kontingenz.[15] Das deutlichste Anzeichen dafür ist die zunehmende Verschiebung der Bedeutung und Auslegung des »Normalen«, die die Geschichte der Gaußkurve überlagert:[16] Was als Instrument zur Darstellung der Fehlerverteilung entstanden war, wird anschließend auch auf die Verteilung individueller Merkmale wie der Körpergröße angewandt – mit der impliziten Schlußfolgerung, daß der Abstand vom Mittelwert tendenziell ebenfalls als eine Art Fehler zu bewerten sei. Quételet gab das ganz explizit zu: Für ihn war der *homme moyen* nicht einfach nur eine mathematische Abstraktion, sondern ein sittliches Ideal, ein Gleichgewichts- und Harmoniezustand frei von Exzessen und Fehlern. Damit erfolgte eine Art Modernisierung und Systematisierung der klassischen *aurea mediocritas*[17], zu der sich jetzt die aufklärerische Überzeugung gesellte, nach der sich die Abweichungen vom Mittelwert mit der Verbreitung der Wissenschaft immer stärker verringern würden, bis sich die Ordnung endgültig gegen das Zufällige, die Vernunft gegen die Einbildungskraft, die Realität gegen den bloßen Schein durchgesetzt haben

14 Man denke nur an den Titel *The Logic of Chance* (Venn 1962). Ladrière behauptet, daß die entscheidende Wende nicht mit dem Übergang von der Untersuchung sicherer Ereignisse zu der wahrscheinlicher Ereignisse erfolgte, sondern eher durch die Untersuchung von Wahrscheinlichkeitskonfigurationen – d. h. der »zweiten Realität« der Kontingenzordnungen – anstelle der direkten Untersuchung der Ereignisse (1968, S. VIII).

15 Edgeworth vertritt die Auffassung, daß die Statistik, die eigentlich Fehler berechnen und untersuchen sollte, tatsächlich zu einem Apparat geworden ist, der Fehler in Regeln umwandelt – ein offensichtlich paradoxales Unterfangen (vgl. Porter 1986, S. 260).

16 Vgl. Hacking 1990, Kapitel 19; Porter 1986, S. 91 ff.

17 Lateinisch im Original (A. d. Ü.).

würde.[18] Das ist nicht die einzige mögliche Interpretation: Andere, etwa Maxwell und Galton, sahen in der Gaußkurve weniger eine Möglichkeit, sich der Variation zu entledigen, als vielmehr ein Mittel, ihr Wesen und ihre Auswirkungen zu untersuchen. Dazu kommt allerdings eine dritte denkbare Herangehensweise: Die statistische Formalisierung und die graphische Darstellung der Abweichungen können das Bild der Realität selbst beeinflussen, etwa indem sie durch Anpassung oder Abwandlung unsere Vorstellungen der Normalität beeinflussen. Man neigt dazu, auch außerhalb des Bereichs des Pathologischen aus der Normalität eine Norm zu machen. Die Beschreibung des Typischen, Gewöhnlichen oder Regelmäßigen ist dann nicht länger nur eine bloße Beschreibung der Dinge, sondern sie suggeriert gleichzeitig einen Maßstab. Einzeldaten stehen nicht für sich selbst, sie markieren vielmehr eine mehr oder weniger große Abweichung von der Normalität, und als solche werden sie auch bewertet.

Wie in den meisten Fällen handelt es sich auch hier um eine Frage der Interpretation: Der große Vorteil der Normalverteilung, der zum Zeitpunkt ihrer Entdeckung große Begeisterung auslöste, liegt in der Formulierung und Begründung eines Gesetzes, das zeigt, wie aus dem Chaos Ordnung entsteht. Diese Formulierung läßt allerdings zwei Lesarten zu, je nachdem ob man das Chaos oder die Ordnung betont. Es stimmt: Die Gaußkurve der Normalverteilung zeigt ein typisches statistisches Phänomen, nach dem »man ziemlich präzise und stabile Schlußfolgerungen ziehen kann, insofern als sie unabänderlich gültig sind, auch wenn man von grundverschiedenen Situationen oder

18 Vgl. Quételet 1921, Band 2, Nr. 21.

Standpunkten ausgeht«.[19] Aber ist das ein Verdienst der Ordnung oder des Chaos? Setzt sich Ordnung durch die Beseitigung von Abweichungen durch, oder sind diese Differenzen notwendig, damit Ordnung entsteht?[20]

Wie wichtig Unterschiede sein können, zeigen die Probleme der Zufallsstichprobe und die Schwierigkeiten bei ihrer Herstellung. Die Erstellung wirklich zufälliger Stichproben ist bekanntlich ausgesprochen schwierig, sie setzt sorgfältige Vorbereitungen (!) voraus, spezielle »Maschinen« wie Zufallsgeneratoren zum Beispiel, die ihre Zufälligkeit garantieren sollen. In der Welt gibt es jedoch keinen Zufall, und immer wenn ein Beobachter sich mit der Welt auseinandersetzt, fließen überlieferte Strukturen, Informationen und Erfahrungen ein. Statistiken »lügen« häufig gerade deshalb, weil eine echte Zufallsstichprobe zuviel kostet, weil sie schwer zu realisieren ist oder weil Fehler passieren.[21] In den Begriffen der Statistik ist »wahr« also gleichbedeutend mit« zufällig«: Je strenger die Zufälligkeit der Auswahl, desto objektiver sollten die Ergebnisse sein. Die Unordnung stellt eine Ressource dar (vielleicht sogar die Ressource schlechthin), und der Wahrscheinlichkeitsrechnung gelingt es, zufällige, absolut regelwidrige und scheinbar unvorhersehbare Ereignisse problemlos zu prognostizieren.[22]

Doch was für eine Form der Rationalität soll man aus den Überlegungen der Wahrscheinlichkeitstheorie ableiten, die »die Abwesenheit von Vernunft als oberstes Ge-

19 De Finetti 1981, S. 434.

20 Ganz ähnlich argumentiert Luhmann im Hinblick auf den Begriff der »Mikrodiversität«: Seine These ist, daß Mikrodiversität unter Individuen notwendig sei, damit sich in der modernen Gesellschaft Ordnung und eine Art von »Selbstorganisation« realisieren lassen (1997a).

21 Vgl. Huff 1956, S. 14ff.

22 Vgl. De Finetti 1981, S. 436.

setz« festzuschreiben und so Unordnung und Chaos aufzuwerten scheint?[23] Ginge es vernünftig zu, würde das Gesetz nicht funktionieren, es stünde keinerlei Ordnung zur Verfügung. Das Paradox der »Zufallsgesetze« oder der Vorhersehbarkeit des Unvorhersehbaren kann als formalisierte Version des typisch modernen Syndroms der Normalität der Idiosynkrasie verstanden werden. Jeder Mensch hat einen Anspruch auf Originalität – eine Konsequenz der vieldiskutierten Individualität. Das moderne Individuum strebt unter dem Schlagwort der »Selbstverwirklichung« danach, einzigartig und originell zu sein, es beansprucht, die eigene Persönlichkeit nach einem eigenständigen Entwurf zu realisieren. Gleichzeitig weiß es jedoch, daß die anderen denselben Wunsch haben. In seinem Streben nach Originalität gleicht es daher allen anderen Individuen.[24] Die Ordnung der modernen Gesellschaft, die sich weder auf eine höchste Autorität noch auf eine letzte Ursache gründen kann, muß in gewisser Weise die Vielfalt der Perspektiven und individuellen Ansprüche anerkennen und sich trotz allem behaupten. Die Wahrscheinlichkeitsrechnung und insbesondere die Gaußkurve scheinen Singularität und Verallgemeinerung, Idiosynkrasie und Normalität auf wunderbare Weise zu verbinden und eine Ordnung zu begründen, die Unterschiede und individuelle Unberechenbarkeit zuläßt und unterstützt. Gerade darin liegt vermutlich die strategische Bedeutung des Zufalls in der Statistik begründet:[25] Er schließt subjektive Einflüsse aus. Bei der Erhebung einer Zufallsstichprobe kann nie-

23 Vgl. Galton 1889, S. 66.
24 Vgl. Luhmann 1989; Esposito 2004, Kapitel 4.
25 Man könnte auch von der »para-ontologischen« Bedeutung des Zufalls sprechen.

mand für die Auswahl verantwortlich gemacht werden, sie wirkt gerade deshalb »objektiv«, weil in dieser Perspektive subjektiv zu einem bestimmten Grad »falsch« bedeutet. Ordnung hängt also vom Chaos ab, vom Zufall, der Unordnung, der Abwesenheit der Vernunft.

Dieses Paradoxon der ungeordneten Ordnung wird gewöhnlich vernachlässigt. Man neigt dazu, die Homogenität gegenüber der Diversität, die Regelmäßigkeit gegenüber dem Chaos zu betonen, und verwechselt so häufig Einzigartigkeit und Fehler. Mit Erstaunen nimmt man die Besonderheit der Wahrscheinlichkeitsrechnung im Verhältnis zu anderen Gebieten der Mathematik zur Kenntnis, in denen sich Fehler keineswegs aufheben, sondern gegenseitig summieren und enorm verstärken. Die Wahrscheinlichkeitstheorie, so heißt es, biete daher eine größere Sicherheit als die Mathematik, sie sei allgemeiner, weil sie jenseits aller Meinungsverschiedenheiten annehmbar ist.[26] Von diesem Standpunkt aus übersieht man jedoch völlig die andere Seite der Medaille: erst Ordnung erzeugt Abweichungen, diese sind zur Reproduktion unserer Vorstellung von Ordnung notwendig. Durch ihre Anerkennung löst sich die Abweichung faktisch in einer generellen und unausweichlichen (»objektiven«) Tendenz zur Ordnung auf. Es ist schwierig, sich originell zu finden, wenn alle anderen es auch sind.[27] Mit anderen Worten: Wenn es keine Ordnung gäbe, könnte man nicht abweichen. Die Abweichung benutzt geradezu die Ordnung, sie profitiert von ihr und neutralisiert sie dabei in gewisser Weise.

26 Vgl. De Finetti 1981, S. 434.

27 Das ist, wenn man so will, das typische Argument der Frankfurter Schule, nach dem unter den Bedingungen der Kulturindustrie Individualität nur als Pseudo-Individualität möglich ist.

Das alles ist keineswegs selbstverständlich, es setzt eine Reihe von Annahmen voraus, die nur selten thematisiert werden. Die Konstruktion des Wahrscheinlichen stützt sich auf den Zufall, der als eine Art Residualkategorie gebraucht wird, sobald man zugeben muß, daß man die Welt nicht kennt:[28] In der »realen« Realität gibt es bekanntlich keinen Zufall.[29] Daß man sich überhaupt auf ihn einläßt und er (in Form der gleichen Wahrscheinlichkeit der möglichen Fälle, etwa beim Würfeln[30]) sogar eine unverzichtbare Voraussetzung der Wahrscheinlichkeitsrechnung darstellt, bezeugt erneut, daß es sich um eine Fiktion handelt. Schon früh, noch vor der mathematischen Formalisierung der Disziplin in der zweiten Hälfte des 19. Jahrhunderts, zeichnete sich die unsichere wissenschaftsinterne Stellung der Wahrscheinlichkeitsrechnung ab. Im Jahr 1931 beschloß die »British Association for the Advancement of Studies« einstimmig, die Wahrscheinlichkeitsrechnung nicht zuzulassen, da sie sich weder den »Figuren der Arithmetik« noch den »Figuren der Rede«[31] eindeutig zuordnen ließ. Trotz ihres expliziten Gegensatzes zur Fiktion, war zu diesem Zeitpunkt tatsächlich noch deutlich, daß die Wahrscheinlichkeitsrechnung direkt an der Herstellung ihres Untersuchungsgegenstandes mitwirkte. Man kann Zahlen alles mögliche sagen lassen, doch zugleich sind Zahlen langweilig, wenn nicht gar völlig irrelevant. Deshalb kann man der Disziplin, die sich mit ihnen beschäftigt, vorwerfen, gleichzeitig zu einfallsreich (und demnach zu wenig wissen-

28 »Wahrscheinlichkeit und Zufälligkeit können jeweils nur im Hinblick aufeinander definiert werden« (Hicks 1979, S. 124). Ein gutes Beispiel stellt das Konzept des *random walk* bzw. der Zufallsbewegung in den Theorien des Finanzmarkts dar (vgl. Lo/MacKinlay 1999).

29 Vgl. z. B. Schoffeniels 1984; Koselleck 1979.

30 Vgl. z. B. Hacking 1975, Kapitel 14; Byrne 1968, S. 11.

31 Vgl. Poovey 1991.

schaftlich) und zu trocken zu sein, da sie sich nur mit »blöden Zahlen« befaßt, denen der kreative Reiz der Erzählung abgeht.

Diese Uneindeutigkeit steht im Widerspruch zu einer Reihe ergänzender Annahmen wie etwa dem Kriterium der Einfachheit, nach dem Unregelmäßigkeiten lediglich Ausnahmen darstellen, die keinen Einfluß auf die grundsätzliche Ordnung haben: Aber wer kann das garantieren? Die von den Operationen der Wahrscheinlichkeitsrechnung vorausgesetzte Hypersimplifikation des Weltbilds wurde früh erkannt. Sie zeigt sich vor allem in den Gedankenexperimenten, die in dieser Disziplin eine so große Rolle spielen. Schon Leibniz war sich dessen bewußt, er kritisierte Urnenmodelle aus verschiedenen Gründen:[32] Während die Anzahl der Kugeln und ihre Zusammensetzung kontrollierbar seien, könne sich beides im Hinblick auf empirische Gegenstände ändern, die Zahl der zu betrachtenden Fälle könnte unbegrenzt sein, das definierte Verhältnis zwischen den Kugeln (und zwischen den empirischen Gegenständen, die sie simulieren sollen) existiere vielleicht gar nicht (d. h. die Welt sei möglicherweise nicht so geordnet, wie man annehme). Auch die Ergebnisse der Berechnungen stellte Leibniz in Frage: Selbst wenn sie korrekt sein sollten, setzten sie doch eine unbegrenzte Zahl von Ziehungen voraus, während man in der Realität nur eine begrenzte Anzahl von Versuchen habe. Schlimmer noch: Die Berechnung basiere auf der Annahme, daß die Ereignisse unabhängig voneinander sind und sie sich nicht gegenseitig beeinflussen. Doch ist das realistisch? Abgesehen von ausgesprochen fragwürdigen Annahmen, etwa der zeitlichen

32 Vgl. Daston 1988, S. 238ff.

Stabilität und Homogenität der Systeme, wird das Modell dadurch verfälscht, daß die Wahrscheinlichkeitstheorie sich auf Einzelpersonen konzentriert, die für sich alleine entscheiden[33] – doch dieser Fall kommt in der Wirklichkeit so nicht vor. Es existieren schließlich komplexe Wechselbeziehungen zwischen den Entscheidungen eines Individuums und denen, die es bei anderen Personen beobachtet, zwischen seinem aktuellen Wissen und seinen Erwartungen an die Zukunft. Diese ist immer unsicher, und diese Unsicherheit schließt zwangsläufig auch unvorhergesehene Ereignisse ein: Doch der Akteur, der sich entscheiden muß, weiß das und kann diese Tatsache berücksichtigen. Besonders interessant und vielversprechend sind meist gerade unwahrscheinliche Ereignisse. Derjenige, der die Entscheidung treffen muß, ist sich dessen wohl bewußt – die abstrakten Operationen der Wahrscheinlichkeitsrechnung sind es nicht.[34]

33 Vgl. Smithson 1989, S. 77ff.

34 Die Wahrscheinlichkeitstheoretiker beobachten natürlich auch solche Phänomene, aber sie verbuchen sie einfach als ärgerliche Störungen, die keine grundsätzliche Veränderung der Berechnung erfordern. De Finetti zum Beispiel gibt zu, daß die Bewertung der Wahrscheinlichkeit eines Ereignisses auf sein Eintreten Einfluß haben kann (wer Angst vor einem Unfall hat, verhält sich vorsichtiger; der Glaube an den Erfolg macht ihn wahrscheinlicher), und dies kann dazu führen, daß sich die Umstände, auf denen die Einschätzung beruhte, verändern (vgl. 1981, S. 707ff.). Er behandelt auch mimetische Phänomene wie die wechselseitige Abhängigkeit von Spielern, die entscheiden müssen, ohne die Entscheidung des anderen zu kennen, die aber wissen, daß das Ergebnis von beiden Entscheidungen abhängt. (Ebd. S. 709)

VI. Gegenwärtige Zukunft und zukünftige Gegenwarten

Die Realität ist unwahrscheinlich, und das ist das Problem. Das war schon lange bekannt, bevor die Mathematiker vor ein paar Jahrhunderten vom Rausch der Statistik erfaßt wurden. Schon Aristoteles hatte behauptet, daß »es wahrscheinlich ist, daß sich manches auch gegen die Wahrscheinlichkeit abspielt«[1]. Mit anderen Worten: Es ist wahrscheinlich, daß gerade das Unwahrscheinliche eintritt, und damit ist das Wahrscheinliche nur wenig realistisch.[2] Vor nicht allzu langer Zeit war dieselbe Überlegung der Ausgangspunkt für die einflußreiche Theorie Poppers,[3] der die Wahrscheinlichkeit der Wahrheit gegenüberstellt und behauptet, daß nur letztere den Zustand der Welt beschreiben und Gegenstand wissenschaftlicher Theorie werden könne. Die Wahrheit ist also nicht wahrscheinlich, sondern informativ, und die Aussagekraft ist um so geringer, je höher die Wahrscheinlichkeit einer Tatsache ist – bis sich die Welt in gewisser Weise vom Zustand völliger Entropie ablöst, in dem alles gleich wahrscheinlich ist.

Doch ist das eine realistische Bedingung? Um noch kurz bei der thermodynamischen Metaphorik zu bleiben: Der zunehmenden Entropie wirkt die Tatsache entgegen, daß es in der Welt Systeme oder, wie man vor ein paar Jahren noch

1 Aristoteles 1994a, Kapitel 18 bzw. Kapitel 25.

2 »Es kommt häufig vor [...], daß jede Möglichkeit *a priori* ausgesprochen unwahrscheinlich ist.« (Keynes 1973, S. 330) Selbst De Finetti bemerkt, daß die Wahrscheinlichkeitsrechnung keineswegs immer zu einer Bestätigung der »abgeflachtesten«, d. h. dem Mittelwert am nächsten liegenden Hypothesen und Prognosen führt (1980, S. 1183).

3 Vgl. Popper 1994.

sagte, Erzeuger von Negentropie gibt, die sich dem Informationsverlust widersetzen. Dazu gehören zum Beispiel lebende Organismen oder psychische und soziale Systeme, die wachsen und komplexer werden. Gerade diese Systeme müßten für die Wahrscheinlichkeitstheorie also von Interesse sein, wenn sie Anleitungen zur Entscheidungsfindung geben will. Die Umwelt, in der diese Systeme operieren, ist jedenfalls keineswegs wahrscheinlich, sondern eine Welt unzufälliger und hochinformativer Unwahrscheinlichkeiten. Eine Theorie, die die Unsicherheit im Sinne des Probabilismus behandelt, d. h. als Untersuchung der Wahrscheinlichkeit, beschreibt demnach nicht die reale Situation. Etwas überzeichnet könnte man sagen, daß die Wahrscheinlichkeitsrechnung von einer Welt ausgeht, in der alle Ereignisse gleich wahrscheinlich sind und die daher nur minimal informativ ist. Vor allem gibt es in ihr jedoch keine Beobachter. Für solch eine Welt böte die Wahrscheinlichkeitsrechnung einen sicheren Leitfaden. Das Wirken der Systeme hingegen widersetzt sich der Entropie, denn es schafft Möglichkeiten, es erzeugt Information und damit zugleich ständig neue Quellen der Unsicherheit und Unbestimmtheit. Die Existenz von Subjekten kommt einer immer wieder neuen und »selbsterzeugten Unsicherheit« gleich:[4] Wenn man Entscheidungen trifft, versucht man, Unsicherheit aufzufangen. Doch damit erzeugt man zugleich neue Unsicherheit – für sich selbst und für andere. Eine Welt, in der Menschen Entscheidungen treffen, hat nicht nur eine unsichere Zukunft, die von den in der Gegenwart getroffenen Entscheidungen abhängt. In dieser

4 Der Begriff entstammt dem Vokabular der soziologischen Systemtheorie (vgl. Luhmann 1997, S. 830ff.; 2000b, S. 47 und S. 167).

Welt vervielfacht sich die Unsicherheit noch um die Zahl der Personen, die Entscheidungen treffen. Jede dieser Personen macht ihre Entscheidungen wiederum von den Entscheidungen anderer Personen und den Konsequenzen dieser Entscheidungen abhängig. Und weil das natürlich alle tun, kommt es zu einer schwindelerregenden Unsicherheitsvervielfachung.

Der grundlegende Unterschied zu früheren Epochen besteht in der Moderne darin, daß man sich auf eine Welt einlassen muß, in der die zeitliche und die soziale Dimension voneinander autonom sind. Im Vergleich zu den von Aristoteles entworfenen kontingenten Zukünften, d. h. einer »einfachen Kontingenz«, die sich auf das fehlende Wissen über vorherbestimmte Ereignisse bezieht, muß sich die moderne Gesellschaft mit einem Zustand »mehrfacher Kontingenz«[5] auseinandersetzen, in dem zeitliche Kontingenzen soziale Kontingenzen hervorrufen, die wiederum die Unsicherheit in der Zeit erhöhen – und für beide Dimensionen ist die Unsicherheit zirkulär. Die Zukunft ist offen, weil man nicht weiß, was die anderen tun werden. Man versucht, es vorherzusehen, aber alle anderen tun dasselbe und versuchen, ihr Verhalten auf das von ihnen vermutete Verhalten der anderen auszurichten, aber auch das weiß man. Andererseits sind Entscheidungen nicht nur deshalb schwierig, weil man nicht weiß, was die Zukunft bereithält, sondern auch, weil man nicht weiß, wie man in Zukunft die Ereignisse, die sich zugetragen haben werden, bewerten wird. Man kann also nicht sicher sein, daß sich die Bewertungskriterien nicht im Laufe der Zeit verändern werden, weshalb ein bestimmtes Ereignis vor und nach sei-

5 Luhmann 1991, S. 25.

nem Eintreten anders erscheint. Besonders evident wird dieses Problem bei Schadensfällen oder Katastrophen. Diese können dazu führen, daß man eine in der Vergangenheit eingenommene Position, so rational und wohlüberlegt sie auch immer gewesen sein mag, bereut – auch mit dieser Möglichkeit rechnet man bereits in der Gegenwart. Damit nicht genug: Vielleicht wird man etwas bereuen müssen, weil die anderen im nachhinein ihre Kriterien geändert haben, wozu sie vielleicht gerade durch unser Verhalten veranlaßt worden sind. Daher kann gerade die Entscheidung, für die man in der Gegenwart Anhaltspunkte sucht, das Auffinden verläßlicher Anhaltspunkte unmöglich machen. Die Unsicherheit, mit der eine Person in einer Entscheidungssituation konfrontiert ist, ist auch deshalb so groß, weil sie sich in einem dauernden Spiel innerer Spiegelungen schwindelerregend schnell erhöht.

Keine Rechnung kann in einer solchen Situation Sicherheit bieten, weder in der zeitlichen noch in der sozialen Dimension. Sie kann weder garantieren, daß man eine getroffene Entscheidung nicht wird bereuen müssen noch daß die anderen die Dinge inzwischen nicht anders sehen werden. In der Auseinandersetzung mit den zukünftigen Gegenwarten, und damit mit dem unbestimmten Bereich des Möglichen, enthüllt die Wahrscheinlichkeitskonstruktion die Grenzen ihres fiktionalen Charakters: Sie hilft uns nicht, die Realität vorauszusehen. Das Problem liegt nicht so sehr in der Sachdimension, der sich die Berechnung zuwendet und für die es nicht schwierig ist, Orientierungsregeln festzulegen. Genaugenommen ist es, wie man schon im 19. Jahrhundert einwandte, zu einfach, weil die Zukunft unserer Imagination keinen Widerstand leisten kann, während noch niemand in der Zukunft lebt und schon Genaueres über sie zu berichten wüßte. Das Problem liegt also eher in der zeitlichen und der sozialen Dimension oder vielmehr in der Beziehung zwischen beiden: Niemand kann in der Gegenwart bestimmen, wie sich die anderen in zukünftigen Situationen verhalten sollen, man kann sich auch nicht mit den anderen darüber abstimmen, was geschehen sollte. Dies erzeugt das, was Luhmann das »Spannungsverhältnis zwischen zeitlicher und sozialer Dimension«[6] nannte und als eines der zentralen Probleme der Moderne identifizierte.

Wie bereits erwähnt, hatte die Wahrscheinlichkeitstheorie von Anfang an auch eine normative Funktion, und in diesem Sinn hatte sie hier eine Lösung vorgegaukelt: Obwohl man die Zukunft nicht kennen kann, verspricht die Berechnung ihre Planbarkeit. Diese sollte, wie wir sahen, garantieren, daß man in der Zukunft nichts würde bereuen müssen, und in der Gegenwart den Konsens mit anderen Akteuren ermöglichen.[7] Die Erfahrung und die Vervielfachung der inneren Widersprüche der Berechnung selbst haben allerdings die ihr zugrundeliegende Hypersimplifikation enthüllt: Die Planung kann nicht als Norm funktionieren, auf deren Grundlage man sich weigern kann, von der Erfahrung zu lernen. Das gilt insbesondere gegenüber Personen, die von möglichen negativen Folgen aktueller Entscheidungen betroffen sein könnten. Es ist weitaus plausibler, daß gerade die Entscheidung über einen Plan Anlaß zu heftigen Diskussionen bieten kann – und so taucht jener Aspekt der Wahrscheinlichkeit auf, der subjektiv genannt wird. Außerdem ist inzwischen bekannt,

6 Ebd., S. 82.

7 Vgl. Hacking 1975, Kapitel 9. Luhmann spricht von der »Symbiose zwischen Zukunft und Gesellschaft« (1991, S. 61).

daß gerade eine gemeinsam getroffene Entscheidung die Individuen dazu veranlaßt, über die Vorteile nachzudenken, die sie aus eventuellen Abweichungen ziehen könnten. Gerade weil man weiß, wie sich die Dinge nun eigentlich entwickeln sollen, kann es vorteilhaft sein, anders zu handeln.[8] Dabei rechnet man mit der irrealistischen Annahme, alle Eventualitäten vorhersehen zu können (von ihren spezifischen Wahrscheinlichkeiten ganz zu schweigen). Mit anderen Worten: Weder die soziale noch die zeitliche Kontingenz lassen sich ohne weiteres festlegen.

Was nun? Sollen wir aus diesen Überlegungen den Schluß ziehen, daß alle Planung sinnlos ist? Daß die Wahrscheinlichkeitsrechnung einschließlich der Kontrollmöglichkeiten, die sie zu bieten scheint, auf einem Mißverständnis beruht und es sich »lediglich« um eine Fiktion handelt? Das Gegenteil ist der Fall: Wie inzwischen klargeworden sein dürfte, wird der Begriff der Fiktion in unserem Ansatz keineswegs abwertend gebraucht. Fiktionen sind nützlich, sie wirken oft auf ausgesprochen raffinierte Weise auf die Realität zurück. Allerdings muß man sich ihnen mit einem entsprechenden Verständnis nähern. Das Wahrscheinliche ist fiktional, aber nur deshalb funktioniert es, und nur deshalb bietet es uns jene Orientierungsmöglichkeiten, die die »reale Realität« nicht zu bieten hat. De Finetti betont, daß nicht einmal der Laplacesche Dämon in der Lage wäre, vorauszusehen, »was geschehen würde, wenn etwas geschähe, das nicht geschehen wird«[9] – die Fiktion hingegen leistet genau das: Sie konstruiert eine kohä-

8 In der Soziologie wurde dies in erster Linie im Zusammenhang mit der sogenannten »free rider«-Problematik behandelt, wobei jedoch die zeitliche Dimension nicht adäquat berücksichtigt wird (vgl. z. B. Coleman 1987; Margolis 1982).

9 De Finetti 1981, S. 747.

rente Welt auf der Grundlage ausdrücklich imaginärer Prämissen.

Wenden wir uns noch einmal dem Bereich der *fiction* zu, die auf präzise, überprüfbare und nicht willkürliche Weise eine Welt beschreibt, die nicht existiert. Wer heute nicht in der Lage ist, sich im Bereich der Fiktion zurechtzufinden, verfügt nicht wirklich über soziale und kommunikative Kompetenz. Wer sich an fiktionalen Texten orientiert, tut das nicht, weil sie real sind oder weil er das glaubt, sondern weil sie realistisch sind. Sie präsentieren eine explizit fiktive Realität, an der sich der Beobachter trotz allem ausrichten kann. *Fiction* erlaubt es, Täuschungen, Intrigen oder Beobachtungsbeziehungen darzustellen, die in der realen Realität, die nur selten realistisch ist, nicht beobachtet werden können. Wer in der Lage ist, sich auf diese Eigenschaften fiktionaler Texte einzulassen, kann sich folglich in der realen Welt und der Komplexität ihrer Beziehungen besser bewegen. Akteure bzw. Leser interpretieren Gefühle und reale Liebesaffären auf der Grundlage der Geschichten, die sie in der Literatur kennengelernt haben – nicht auf der der Ereignisse, die sie in ihren eigenen Familien oder Bekanntenkreisen beobachten können. Nur so lernen sie, sich kompetent in der Semantik der modernen Gesellschaft zu bewegen. Die Fiktion wirkt also wie ein Spiegel, in dem die Gesellschaft ihre eigene Kontingenz reflektiert.

Ist dieses Schema auch für die Wahrscheinlichkeit gültig? Die oben dargelegte Kritik an der Wahrscheinlichkeitstheorie und ihrem Kontrollanspruch bezieht sich tatsächlich nur auf ihre Ausrichtung auf die *zukünftigen Gegenwarten*: Ihre auf der Grundlage probabilistischer Schätzungen erstellten Berechnungen sind in dieser Hinsicht völlig illusorisch, denn die zukünftigen Gegenwarten bleiben offen, und jeder Versuch, sie durch Planungen festzulegen, vergrößert ihre Offenheit zusätzlich. Wie wir aber bereits gesehen haben, muß man zwischen den zukünftigen Gegenwarten, die Wirklichkeit geworden sein werden, und der *gegenwärtigen Zukunft*, d. h. der Zukunft, wie sie sich in der Gegenwart darstellt, unterscheiden. Doch genau auf dieser Ebene offenbart die Wahrscheinlichkeitstheorie ihre Nützlichkeit. Wenn man sich unter den Bedingungen einer grundsätzlich unbekannten Zukunft in der Gegenwart auf diese beziehen muß, dann ist der einzige Ausweg eine Fiktion, die an ihre Stelle tritt; keine willkürliche Fiktion allerdings, sondern eine, die anhand nachvollziehbarer Regeln entwickelt wird, über die unter den Beteiligten Einigkeit besteht.

Statistik und Wahrscheinlichkeitstheorie stellen so eine irreale, aber realistische Realität dar, gerade weil sie diese vereinfachen und auf eine Weise durchschaubar machen, die die reale Welt nie zulassen würde. Sie stellen uns eine regelmäßigere und besser geordnete Realität zur Verfügung, die nicht »zirkulär« und um die Wechselwirkungen zwischen Beobachtern und Zeithorizonten bereinigt ist.

Natürlich kennen auch die Statistiker den von Thomas Bayes auf eine Formel gebrachten Unterschied zwischen »ergodischen« Ereignissen oder Markov-Prozessen, bei denen die zukünftige Entwicklung nicht von der Vergangenheit abhängt, und Phänomenen, bei deren Vorhersage die Berücksichtigung der Erfahrung und des Wissens über vergangene Ereignisse sinnvoll ist. Die Rolle der Zeit wird im Konzept der untergeordneten Wahrscheinlichkeit berücksichtigt, d. h. in Abhängigkeit vom Wissensstand, der sich über die Zeit verändert und so auch die Einschätzung der Wahrscheinlichkeit modifiziert.[10] Bei genauerem Hinsehen erweist sich das Erfahrungsverständnis der Statistiker jedoch als etwas eigenartig: Die Wahrscheinlichkeiten verändern sich mit der Zeit, »aber nicht etwa, weil die Erfahrung uns zwang, sie zu verändern oder zu korrigieren, oder uns lehrte, sie besser zu beurteilen [...]: die Wahrscheinlichkeiten sind dieselben wie zuvor, bis auf das Verschwinden der verfallenen und der folgerichtigen Normalisierung der übriggebliebenen«.[11] Aus der Erfahrung wird man also nicht in dem Sinn klug, daß man die Kriterien verändern und lernen würde, die Dinge neu zu betrachten; man lernt nur, welche Möglichkeit sich verwirklicht hat und welche nicht, welche Wahrscheinlichkeiten also noch offen sind und welche gestrichen werden können. Im Prinzip muß man daher eine einmal getroffene Entscheidung nie wirklich bereuen, man kann nur bedauern, daß sich die Dinge anders entwickelt haben als erwartet. Für die Wahrscheinlichkeitsmodelle bedeutet das, daß »voraussehen heißt, das Funktionieren des Systems vom gegenwärtigen Zeitpunkt in einen zukünftigen Zeitpunkt hinein zu verlängern und davon auszugehen, daß der Innovationsfaktor der kommenden Jahre null ist«[12]. Damit wird tatsächlich das Risiko der Zukunft eliminiert, das nicht nur – und nicht in erster Linie – darin besteht, daß sich die Dinge nicht wie gewünscht entwickeln, sondern auch in der Möglichkeit, daß sich die Dinge zwar wie erwartet entwickeln, wir aber

10 Formal ausgedrückt: »Die Wahrscheinlichkeit von E [dem fraglichen Ereignis] verändert sich, indem man sie H [dem Wissensstand] unterordnet, in demselben Verhältnis, wie sich die Wahrscheinlichkeit von H verändert, wenn sie E untergeordnet wird« (De Finetti 1980, S. 1158 und S. 1185).

11 De Finetti 1981, S. 176.

12 Dacunha-Castelle 1997, S. 108.

in der Zwischenzeit unsere Ziele verändern und daher trotzdem enttäuscht sind. Die Zeit schließt nicht nur Möglichkeiten aus, sie erzeugt vor allem permanent neue Optionen, und gerade deshalb ist sie wirklich unvorhersehbar. Aber in den Modellen der Wahrscheinlichkeitstheoretiker ist der »zukünftige Fall« vom »vergangenen Fall« abhängig, d. h. von dem Fall, der tatsächlich eingetreten ist, der allerdings auch in anderer Form hätte eintreten können und der andere Möglichkeiten ausschloß. Von diesem Problem findet sich im Diskurs der Stochastiker keine Spur. Man setzt sich mit der Kontingenz also auf der Grundlage reduzierter Kontingenz auseinander – aber das läßt sich nicht vermeiden, wenn man Prognosen formulieren will. So wie eine brauchbare Landkarte das Territorium nicht in allen Einzelheiten exakt abbilden sollte, funktionieren auch die Modelle der Wahrscheinlichkeitstheorie nur, wenn sie nicht übertrieben präzise, d. h. ein wenig falsch sind. Wenn sie zu präzise sind, werden ihre Prognosen falsch sein: »Will man die Vergangenheit zu gut erklären, bestehen beste Aussichten, die Zukunft zu verschleiern, da man sich der Fähigkeit einer zuverlässigen Vorhersage beraubt.«[13]

Wer die Vergangenheit zu gut erklären möchte, stößt nach unserer Auffassung auf den Unterschied zwischen *vergangenen Gegenwarten* mit ihren eigenen Vergangenheits- und Zukunftshorizonten, die zu diesem Zeitpunkt noch offen waren und verschiedene mögliche Zukünfte umfaßten, von denen eine unsere Gegenwart geworden ist, und der *gegenwärtigen Vergangenheit*, dem Vergangenheitshorizont unserer Gegenwart, von dem aus wir sehen

13 Ebd., S. 115.

können, welche Möglichkeiten sich nicht verwirklicht haben. Diese Unterscheidung entspricht jener zwischen dem unbekannten Möglichen (der zukünftigen Gegenwart) und den bestimmten Wahrscheinlichkeiten (der gegenwärtigen Zukunft), mit denen man es zu tun hat, wenn man sich mit der Zukunft auseinandersetzt. In beiden Fällen funktioniert die Wahrscheinlichkeitsrechnung auf der Basis einer drastischen Vereinfachung. Die Figur des Wahrscheinlichen mit all ihren Formeln und Rechenregeln dient dazu, sich in einer fiktiven gegenwärtigen Zukunft zurechtzufinden, die an der Stelle der zukünftigen Gegenwarten steht, die real sein werden aber noch undurchschaubar sind. In diesem Sinne kann man den Apparat der Wahrscheinlichkeitstheorie als eine »Technik zur Defuturisierung«[14] interpretieren. Sie erlaubt es, die Offenheit der Zukunft einzuschränken, ohne dadurch die zukünftigen Gegenwarten der gegenwärtigen Zukunft gleichzusetzen. Die Zukunft wird dabei nicht mit einer einzigen (bekannten oder unbekannten) Ereignissequenz gleichgesetzt und in diesem Sinne bleibt sie offen. Sie wird vielmehr in die Unbestimmtheit des Wahrscheinlichen projiziert, doch damit hat man dann eine sichere Strategie für den Umgang mit der Unsicherheit.

Berechnungen und Statistiken, Mathematik und stochastische Methoden erlauben die Erstellung von Prognosen, die in der unbestimmten Zukunft als Wegweiser dienen; sie sind nicht deshalb wertvoll, weil sie mit der zukünftigen Realität übereinstimmen, was, wie bei anderen Fiktionen,

14 Luhmann 1976, S. 141. Der Begriff findet sich bei Brunschvicg, der behauptet, daß die Wahrscheinlichkeitsrechnung eine Methode zur Herstellung einer »defuturisierten Zukunft« und eines »deprobabilisierten Zufalls« ist (1949, S. 355).

unnötig und auch nicht wünschenswert wäre, sondern wegen ihres Realismus. Damit meine ich ihre Fähigkeit, eine transparente Perspektive anzubieten, die man mit anderen teilen kann, auf deren Basis man planen, diskutieren und zumindest im Prinzip Konsens mit anderen herstellen kann. Kommen wir noch einmal auf die Parallelen zum Roman zurück. Indem der Roman eine realistische Fiktion anbietet, erlaubt er es den Beobachtern, Erwartungen und Analysen zu entwickeln, die die undurchsichtige reale Realität nicht zulassen würde. Trotz ihrer fiktiven Grundlagen können diese Erwartungen und Analysen jedoch schließlich reale Konsequenzen haben:[15] Jedes Individuum entwickelt seinen Bezug zur Welt und zu seinen Mitmenschen, seine Wünsche und seine Pläne auch unter dem Einfluß von Erfahrungen, die er nur indirekt über fiktionale Texte oder Filme gemacht hat. An dieser Stelle möchte ich auch noch einmal auf die Planung zurückkommen: Die mit Hilfe der Wahrscheinlichkeitsrechnung erstellten Zukunftsentwürfe mögen zwar fiktiv sein, sie helfen jedoch den Beobachtern in Entscheidungssituationen, und ihre Entscheidungen werden zu realen Tatsachen – für sie und für alle anderen auch. Auch auf die zukünftigen Gegenwarten werden diese Entscheidungen zweifelsohne Auswirkungen haben.

Prognosen sind also nicht wegen der Sicherheit nützlich, die sie uns im Hinblick auf zukünftige Gegenwarten bieten. Wie wir sahen, sabotiert sich eine gute Prognose in komplexen Bereichen mit hoher Beobachtungsdichte sehr wahrscheinlich selbst.[16]

15 Soziologen werden darin eine weitere Variante des bekannten Thomas-Theorems erkennen.

16 Dieses Phänomen kann man in allen Gebieten beobachten, in denen Konkurrenz und Originalität wichtig sind. Originell kann man nur sein, wenn man sich von anderen unterscheidet, man denke nur an die Mode

Sie sind vielmehr nützlich, weil sie es erlauben, Anpassungen und Verbesserungen vorzunehmen, und zwar nicht nur in der Sachdimension, sondern auch in der Zeit- und der Sozialdimension. Man macht Vorhersagen und plant, und auf diese Weise tut man Dinge, die beobachtet werden können. Was dann tatsächlich geschieht, ist nicht das Ergebnis der Planung selbst, sondern eine Folge der Tatsache, daß die Planung beobachtet wird und sich daraus Rückschlüsse auf die Absichten und die Orientierung des Planenden ziehen lassen. Natürlich weiß auch er, daß die anderen ihn beobachten, und unter Umständen beobachtet er dann, wie die Planung beobachtet wird. Er kann darauf reagieren, seine Pläne anpassen und aus der Erfahrung lernen. Doch das ist nur möglich, weil überhaupt etwas getan wurde, das es erlaubt, Informationen zu erzeugen und zu sammeln. Eine Vorhersage, die aus der Wahrscheinlichkeitsrechnung abgeleitet wird, ist also keine (mehr oder weniger gelungene) Vorherbestimmung der Zukunft, sondern ein permanenter Prozeß auf der Grundlage provisorischer Prognosen, die kontinuierlich überprüft und angepaßt werden müssen. Aber das läßt sich machen, und so wird es möglich, sich auf die Zukunft vorzubereiten, während man sie konstruiert.[17]

Der wahre Wert der Prognose liegt also nicht in der Reduktion oder Beseitigung der Undurchschaubarkeit der

(vgl. Esposito 2004). Ein geradezu paradigmatisches Beispiel stellen Zahlen zu Trends auf den Finanzmärkten dar, die gerade dann funktionieren, wenn sie dementiert werden, d. h. wenn die Akteure sich nach ihnen richten und so Wettbewerbsvorteile und Gewinnchancen zunichte machen (vgl. dazu explizit Soros 1994). Auch einige Ökonomen selbst sind sich dieser Tatsache bewußt: »Der Nutzen ›statistischer‹ oder ›stochastischer‹ Methoden ist weitaus geringer, als man heute glauben gemacht wird.« (Hicks 1979, S. 136)

17 Vgl. Luhmann 1992a, S. 140 ; 1992b, S. 206.

Zukunft, sondern darin, daß sie diese als Informationsquelle fruchtbar macht.[18] Die provisorische Planung erlaubt es, mit der Zukunft umzugehen, ohne sie festlegen oder »defuturisieren« zu wollen. Im Gegensatz dazu stellt die Wahrscheinlichkeitsrechnung nach der vorherrschenden Interpretation eine Suche nach Sicherheit (wie partiell oder »fuzzy«[19] auch immer) bzw. den Versuch dar, die Zukunft festzulegen und in gewisser Weise vorherzubestimmen. Es ist, als wollte man die Zukunft zur Anpassung zwingen und sich gleichzeitig weigern, aus der Erfahrung zu lernen. Genau das geschieht immer dann, wenn man Normen setzt, und es ist kein Zufall, daß diese Auslegung der Wahrscheinlichkeit mit der präskriptiven Tendenz einhergeht, aus dem Normalen eine Norm zu machen. Dabei sollte man jedoch berücksichtigen, daß die Prognose an sich keineswegs Risiken vorbeugt, sondern daß sie selbst zur Quelle spezifischer Risiken wird. In den Begriffen Bayes' könnte man das prognostizierte Szenario selbst als eine Möglichkeit bezeichnen, der ein zweites Risiko entspricht, dem man wiederum eine Wahrscheinlichkeit zuordnen müßte – aber so könnte man offensichtlich endlos weitermachen, ohne zu irgendeinem Ergebnis zu kommen. Abgesehen davon, daß keineswegs sicher ist, daß die Zukunft mitspielt, ist noch viel weniger klar, ob die anderen

18 Gerade darin besteht für Shackle der Reiz des Wahrscheinlichen: Wenn das Wissen sicher ist, gibt es nichts zu entscheiden, es reicht aus, abstrakte Optionen zu berechnen und auszuführen. Doch unter den Bedingungen der Ungewißheit muß man Vermutungen anstellen und sich etwas ausdenken (vgl. 1972, S. 16).

19 Eine kritische Auseinandersetzung mit dem Wahrscheinlichkeitsproblem aus der Perspektive des »Fuzzy-Logik«-Ansatzes findet sich bei Smithson (vgl. 1989, S. 96ff.), das Standardwerk dazu hat Zadeh geschrieben (1987). Es handelt sich jedoch um Techniken, mit denen der Wissensmangel ausgeschaltet werden soll, anstatt ihn zu nutzen (vgl. Shackle 1972, S. 14).

mitspielen: Jeder Versuch, die Zukunft festzulegen, wird nunmehr beobachtet, und man stellt sich die Frage, ob man nicht auch anders hätte handeln können. Im Gegensatz dazu erlaubt das »provisorische« Verständnis der Wahrscheinlichkeit Lernprozesse, sie beseitigt die Unsicherheit nicht, weil sie die Offenheit der Gegenwart gegenüber der Zukunft bewahrt. Erst in der Zukunft wird man wissen, ob man richtig oder falsch gehandelt hat und was man wirklich getan hat. Die Planung stellt also eine Zäsur dar, etwas vorläufig Unwiderrufliches, das nicht willkürlich ist, sondern vom gegenwärtigen Zustand und den verfügbaren Informationen abhängt und das daher verständlich und informativ wirkt. Damit entsteht Spielraum für die Konstruktion von Erwartungen, über die man diskutieren und sich mit anderen einigen kann – oder auch nicht, doch auch daraus kann man lernen. Anstatt *gegen* die Unbestimmtheit vorzugehen, die nichts anderes ist als Kontingenz und Komplexität, arbeitet man *mit* ihr und versucht, Anhaltspunkte aus ihr abzuleiten. Diese sind zwar immer provisorisch, doch deswegen kaum weniger genau: Sie lassen sich beobachten, man kann darüber diskutieren, und sie stellen ebenfalls reale Tatsachen dar. Die Orientierung an der fiktiven Realität ist ein Teil der realen Realität. Sie ist ein Faktor, der ihre zukünftige Entwicklung bestimmt.

Für diese Form des Umgangs mit der undurchschaubaren Zukunft gibt es historische Vorläufer, die allerdings nicht ohne weiteres mit der modernen Semantik kompatibel sind. Der Versuch, sich gegen den Einbruch der Kontingenz zu sichern, indem man die Unbestimmtheit so weit wie möglich reduziert und in dieser Reduktion eine Art Sicherheit sucht, ist ein typisches Kennzeichen der Modernität. Auch in früheren Kulturen waren die Menschen natürlich mit einer ungewissen Zukunft konfrontiert, sie verfügten jedoch über Techniken, mit denen sie sich in Entscheidungssituationen orientieren konnten, ohne die Ungewißheit zu beseitigen. Diese war den Göttern vorbehalten, den Menschen war jede Form der Einmischung verboten. Die Praxis der Weissagung gestattete es jedoch, aus Orakelsprüchen, dem Vogelflug oder den Eingeweiden von Opfertieren Hinweise auf die Zukunft abzuleiten. Diese blieben aber immer etwas kryptisch, und sie bedurften der Auslegung. Ganz ähnlich wie in unserem Konzept der provisorischen Planung waren diese Interpretationen nur vorläufig, sie konnten mit zunehmender Erfahrung überprüft und verbessert werden. Man war sich auch bewußt, daß die Prophezeiung selbst den Lauf der Dinge beeinflussen konnte. Die Wahrhaftigkeit des Orakels selbst wurde allerdings nie in Zweifel gezogen, wenn eine Weissagung nicht eintrat, dann hatte sich eben der Interpret geirrt.[20] Die Ödipus-Sage zeigt, daß die Zirkularität der Zeit zugleich anerkannt und neutralisiert wurde: Die Zukunft ist eine Folge unserer Handlungen, man kann sich ihr allerdings nicht widersetzen, da sich das Schicksal gerade durch die Versuche erfüllt, ihm zu entrinnen.[21] Da die Geschlossenheit von Sach-, Sozial- und Zeitdimension verlorengegangen ist, ist unsere Situation jedoch weitaus komplexer. Dadurch erklären sich die Versuche der Moderne, die Un-

20 Eine von Herodot überlieferte Episode aus der Zeit der Perserkriege illustriert diese Möglichkeit sehr anschaulich: Angesichts der übermächtigen Streitmacht Xerxes' bricht eine athenische Delegation zum Orakel nach Delphi auf. In der Weissagung ist von einer »hölzernen Mauer« als Schutz vor der Invasion die Rede. Während die meisten Interpreten davon ausgehen, daß damit die Akropolis gemeint sei, deutet Themistokles die Mauer als Schiffsflotte. Tatsächlich besiegen die Athener unter seiner Führung im Jahr 480 v. Chr. die Perser in der Seeschlacht von Salamis (vgl. 2001, S. 602ff.).

21 Vgl. Luhmann 1991, S. 84.

gewißheit zu kontrollieren, indem man die Komplexität reduziert und neue Formen der Sicherheit sucht. Unsere Zukunft ist insofern offen, als sie nicht vorherbestimmt ist, es »gibt« sie nicht *a priori*, sie wird sich erst im Lauf der Zeit verwirklichen. Weissagungen würden uns daher nicht weiterhelfen, da man sich in einer Zukunft, die es noch nicht gibt, nicht einfach »umsehen« kann. Die Zeitdimension ist nunmehr autonom, keine Technik erlaubt es uns, zu erkennen, wie sich die Dinge in der Sachdimension entwickeln werden.

Man kann also nicht umkehren, aber das ist auch nicht der Sinn des Hinweises auf die Weissagung. Gerade ihr Gegensatz zu »abstoßenden Formen trockener Prognosen«[22] und zu allen Spielarten des Fatalismus macht das Wesen der Wahrscheinlichkeit aus. Sie legt vielmehr eine »Logik des Unsicheren« nahe, die Unsicherheit mit Strenge kompensiert. Dem »negativen« Aspekt des Nichtwissens wird der »positive« Aspekt der Wahrscheinlichkeitseinschätzung entgegengesetzt. Sie erlaubt es, jedem Ereignis – selbst einem unbekannten – einen Wert zuzuweisen.[23] Die Zukunft bleibt also undurchsichtig, dennoch kann man sie auf eine geregelte Weise vorhersagen, indem man Alternativen abwägt und diese auf der Grundlage präziser, beobachtbarer und (wie man glaubt) schlüssiger Bedingungen, die für alle nachvollziehbar sind, diskutiert.[24] Die Sicherheit, die die Welt nicht länger gewährleisten kann, wird nun auf der Seite des Beobachters gesucht. Das Problem ist allerdings, daß das nicht funktioniert: Es reicht nicht aus, sich aus der Welt in die Beobachtung zu flüchten, denn dabei entdeckt

22 De Finetti, 1980, S. 1154.
23 Vgl. De Finetti 1981, S. 16.
24 Vgl. ebd., S. 92.

man zwangsläufig, daß auch die Beobachtung ein Teil der Welt ist, und so landet man wieder in der Sachdimension. So wie Ödipus tragen auch wir gerade durch unser Verhalten und unsere Prognosen dazu bei, die Welt zu konstruieren, vor der wir uns schützen wollen. Doch der modernen Komplexität kann man nicht ausweichen. Luhmann weist darauf hin, daß wir im Gegensatz zu den tragischen Helden der Antike nicht erst nachträglich wissen, daß wir uns unser Schicksal selbst zuzuschreiben haben – wir wissen das von Anfang an.[25] Doch daran sollten wir denken, und wir sollten diese Tatsache in unseren Berechnungen berücksichtigen. Die Menschen der Antike waren sich der Unausweichlichkeit der Unsicherheit wenigstens bewußt, sie versuchten, daraus Hinweise abzuleiten. Mit all ihren Rechnungen und Techniken entspricht die Wahrscheinlichkeitstheorie noch immer einer Suche nach Ordnung, während wir uns in der realen Realität mit der Frage der Fatalität auseinandersetzen müssen, wobei uns niemand garantieren kann, daß das Fatum einen Sinn hat.[26]

25 Vgl. Luhmann 1992a, S. 148.
26 Vgl. Luhmann 1991, S. 83.

VII. Fiktion und Welt

Versuchen wir, die verschiedenen Stränge des bisher Gesagten zusammenzuführen. Das Konzept der Realitätsverdoppelung, das den roten Faden unserer Ausführungen darstellt, soll eine ausgesprochen einflußreiche, aber häufig mißverstandene Existenzbedingung der modernen Gesellschaft beschreiben. Eher intuitiv als im strengen Sinn spricht man zumeist von Realitätsverlust oder vom Verlust der Fähigkeit zum Realitätsbezug. Aus unserer Sicht handelt es sich eher um ein Überangebot an Realitäten, d. h. um eine Vervielfachung des Realitätsbezugs in eine Vielfalt fiktiver Realitäten, die sich nicht gegenseitig ausschließen, die aber zusammen die komplexe und in sich gegliederte Realität unserer Gesellschaft ausmachen. Es handelt sich sozusagen um eine vertikale Realitätsvervielfachung, die man von der inzwischen bekannten »horizontalen« Gliederung in vielfältige Lebenswelten, Subsysteme oder abgegrenzte Sinnausschnitte unterscheiden muß:[1] Es handelt sich nicht um verschiedene Teilgebiete einer einzigen Realität, sondern weitaus radikaler um einen regelrechten »Realitätspluralismus«, so fiktiv jede Realität für sich auch sein mag. Jeder dieser verschiedenen Bereiche der realen Realität beansprucht, eine Realität zu sein, d. h. nicht nur eine Phantasie, eine Halluzination oder ein willkürliches Gebilde. Der ausschlaggebende Punkt ist allerdings gerade die Gleichzeitigkeit von Kontingenz und der Abwesenheit von Willkür, und darin besteht die Modernität der Konstruktion.

Die fiktiven Realitäten, sowohl die der *fiction* als auch

1 Vgl. Husserl 1936; James 1890; Schütz 1932.

die der Wahrscheinlichkeit, könnten auch anders beschaffen sein, sie sind kontingent, und gerade deshalb ist es wenig sinnvoll, sie auf der Grundlage von Oppositionen wie wahr/falsch oder objektiv/subjektiv zu unterscheiden, denn das würde eine eindeutige Welt voraussetzen. Wie wir sahen, sind die Ergebnisse der Wahrscheinlichkeitsrechnung nicht wahr, und sie sollen es auch gar nicht sein, da sie sich nicht auf die reale Realität beziehen, sondern auf den von einem Beobachter konstruierten Entwurf einer fiktiven Zukunft. Gleichzeitig sind sie allerdings auch nicht falsch, denn es handelt sich weder um Irrtümer noch um Lügen. Eine korrekt berechnete Wahrscheinlichkeit ist eine strenge und kontrollierte Untersuchung der fiktiven Realität der gegenwärtigen Zukunft, und diese kann man nicht nach den Richtlinien der realen Realität der zukünftigen Gegenwarten beurteilen: Sie ist auch dann korrekt, wenn sie sich nicht verwirklichen sollte – und vielleicht ist sie gerade deshalb nützlich. Sollte sie sich jedoch verwirklichen, dann wäre das purer Zufall. Es geht dabei noch nicht einmal um Subjektivität oder Objektivität, sondern um die Komplexität einer Welt, in der selbst subjektive Prognosen Tatsachen sind, Konsequenzen haben und damit sozusagen in gewisser Weise objektiv werden – was beweist, daß die Unterscheidung subjektiv/objektiv wenig ergiebig ist.[2]

Mit solchen viel zu einfachen binären Unterscheidungen soll natürlich die Willkür begrenzt werden, und sie tun dies

2 De Finetti selbst liefert dafür die Bestätigung: »So verstanden, wird die Wahrscheinlichkeit, wie subjektiv auch immer, wirkungsmächtig, insofern als die inneren Abläufe von außen beobachtbar werden.« (1981, S. 119) Allerdings geht De Finetti nicht den entscheidenden, radikaleren Schritt der Argumentation, nach dem die Prognosen ständig mit der Welt, die sie operativ herstellen, und somit auch mit sich selbst rechnen müssen.

auf die einzig mögliche Art und Weise: Sie koppeln sich an eine Notwendigkeit an. So wird die Kontingenz allerdings stark eingeschränkt. In der fiktiven Realität bindet sich die Kontingenz von selbst, indem sie Erwartungen erzeugt, die dann in der Konfrontation mit der Realität angepaßt werden, einer Realität, die ihrerseits das Ergebnis solcher Erwartungen ist. So wird eine Dynamik in Gang gesetzt, die keineswegs notwendig ist, die sich aber dennoch nicht willkürlich entwickelt. Sie erlaubt es den Beobachtern, sich gegenseitig zu beobachten und sich an diese Beobachtungen anzupassen. So erklärt sich vielleicht der paradoxe Zustand einer Gesellschaft, die die Realität der Fiktion bestreitet, die aber zugleich Umfragen und Statistiken die zweifelhafte Rolle eines »Realitätsersatzes« zuweist. Bereits die antike Rhetorik und die frühen Probabilisten wußten, daß es sich bei Wahrscheinlichkeiten lediglich um Meinungen handelt, die keineswegs die Realität abbilden. Die normative Emphase und die vorgebliche Objektivität der »empirischen« Untersuchung sind unzureichend begründet. Die Wahrscheinlichkeiten und Meinungen sind jedoch selbst Tatsachen und als solche real. Sie können durchaus Konsequenzen haben, auch wenn es nicht unbedingt die Konsequenzen sein müssen, die sie selbst vorhergesehen haben. Genaugenommen müßte man sagen, daß die Wahrscheinlichkeiten reale Realitäten integrieren und sie so in die komplexe und gegliederte Ontologie der modernen Gesellschaft umwandeln. Wahrscheinlichkeit und Statistik stellen also keine realen Tatsachen dar, sie werden aber real, weil sie den Beobachtern einen Spiegel anbieten, mit dem sie die Zukunft und die anderen Beobachter beobachten können. Die Welt, die man in ihm sieht, »gibt es« nicht wirklich jenseits der spiegelnden Oberfläche, und der Spiegel zeigt immer einseitig nur eine Seite der Dinge – aber gerade dazu ist er ja da.

Es ist merkwürdig, daß unsere Gesellschaft sich mit den verschiedenen Formen der Fiktion keineswegs auf dieselbe Weise auseinandersetzt. Während im Bereich der *fiction* das Bewußtsein für die Unwirklichkeit der fiktiven Realität, das zwar selten reflektiert wird, weit verbreitet ist, scheint dieses Bewußtsein in bezug auf die Wahrscheinlichkeit viel weniger stark ausgeprägt zu sein. Man weiß, daß man nicht wie Don Quijote die Welt der Fiktion mit der realen Welt verwechseln sollte, und das wollen wir auch unseren Kindern beibringen. Wenn aber jemand sagt, etwas sei objektiv wahrscheinlich, dann werden wir ihn kaum für naiv halten, obwohl der Status dieser objektiven Wahrscheinlichkeit in unseren Augen ganz ähnlich ist. Dann stellt sich aber die Frage, warum wir so naiv sind. Warum drehen sich die ewigen Debatten um die Objektivität bzw. Subjektivität der Wahrscheinlichkeit um eine Unterscheidung, die am Bezug zur Welt festhält, der allerdings nach unseren Überlegungen nichts mit der Korrektheit oder Nützlichkeit der Berechnungen zu tun hat?

Zunächst muß man festhalten, daß das Verhältnis zwischen der modernen Semantik und den Formen der Realitätsverdoppelung in der Regel eher problematisch ist und selten reflektiert wird. Abgesehen von den Diskussionen um virtuelle Realitäten beweisen gerade die Schwierigkeiten,[3] auf die alle theoretisch anspruchsvollen Varianten des Konstruktivismus in jüngster Zeit gestoßen sind, daß die Vorstellung vom Sonderstatus der realen Realität nach wie vor weit verbreitet ist. Alternative Konzepte werden hier

3 Vgl. z. B. Esposito 1995 und 1998.

meist als nebensächlich oder gar als Bedrohung wahrgenommen. Auf den Bereich der fiktionalen Texte haben wir bereits hingewiesen: Die Autonomie der erfundenen Welten wird heute zwar in der Regel akzeptiert, dennoch tut man sich immer noch schwer damit, auch ihre konkrete Realität anzuerkennen. Mit konkreter Realität meinen wir dabei die unvermeidlichen praktischen Konsequenzen der Vertrautheit mit *fiction* für das Realitätsverständnis der modernen Gesellschaft: Obwohl das Gegenteil bewiesen ist, glaubt man noch immer, daß direkte Erfahrungen lehrreicher sind als vermittelte und letztere nur dann aufschlußreich sind, wenn sie die Realität genau widerspiegeln. Doch wer mit Fiktion nicht umgehen kann, der weiß sich schon deshalb in der realen Welt nicht zu bewegen, weil ihm jegliche authentische kommunikative Kompetenz abgeht.

Das Feld des Wahrscheinlichen ist noch problematischer, denn hier besteht die Vorstellung von der wirklichen »Weltentsprechung« der Rechenergebnisse und Zahlen fort. Vermutlich hängt dies auch mit dem Formalisierungsgrad der Wahrscheinlichkeitstheorie zusammen, und in der Tat setzt sich diese Tendenz, wie wir bereits sahen, erst mit der mathematischen Formalisierung der Statistik in der zweiten Hälfte des 19. Jahrhunderts durch. Man könnte dafür die eigenartige quantitative Blendung verantwortlich machen, die unsere Gesellschaft in vielen Bereichen befallen hat: Zahlen und Formeln scheinen in einer immer flüchtigeren Welt Sicherheit zu bieten – oder zumindest ein funktionierendes Surrogat. Allerdings verschiebt man so lediglich die Frage: Warum leidet unsere Gesellschaft an dieser Blendung? Wie konnten »blöde Zahlen«, die an sich nicht aussagekräftig sind, zu Sinnträgern werden, die sogar unsere Vorstellung vom Zusammenhang zwischen statistischen Werten und der realen Welt verzerren? Diese Frage geht offensichtlich weit über die Grenzen dieses Essays hinaus. Wir können uns hier nur darauf beschränken, auf die inzwischen klassische, von Husserl angestoßene Debatte über die Technik zu verweisen,[4] in der das Technikkonzept sich vor allem auf die Formalisierung bezieht, deren Funktion darin besteht, eine funktionierende Simplifikation anzubieten.[5] Angesichts einer immer weniger durchschaubaren und immer schwerer beherrschbaren Welt, in der alles mit allem zusammenzuhängen scheint,[6] verliert die klassische, an die Rhetorik angelehnte Form der Technik jede Wirksamkeit. Die Aufgabe, die Willkür einzuschränken,[7] wird nicht erfüllt, und die entsprechende Leerstelle wird von der Formalisierung eingenommen, die es erlaubt, Kausalverbindungen zu erkennen und eine Form der Kontrolle festzulegen. So erhalten die Zahlen ihre Autorität und ihre eigenartige Fähigkeit, die Illusion eines Zugangs zur Welt anzubieten. Nur quantitative Studien gelten wirklich als empirische Untersuchungen, denen man eine größere Objektivität zuschreibt als qualitativen oder hermeneutischen Methoden. Der große Nachteil der Formalisierung besteht jedoch in der Unfähigkeit, Wechselwirkungen, Rückbezüglichkeiten und Kontingenz zu berücksichtigen – und damit in der Unfähigkeit, Kontrollformen zu denken, die auch funktionieren, wenn man nicht die Welt, sondern die Beobachter zum Bezugspunkt macht.

4 Vgl. Husserl, S. 49ff.
5 Vgl. Luhmann 1992, S. 21; 1997, S. 524ff.
6 Vgl. Husserl, S. 39f.
7 Vgl. z. B. Vernant 1965, S. 199.

VIII. Reality-TV und die Irrealität der Welt

In diesem und im folgenden Kapitel möchte ich an konkreten Beispielen zeigen, inwiefern unsere Überlegungen zur Realitätsverdoppelung und zu den Wechselwirkungen zwischen Realitäten, die nicht in einem hierarchischen Verhältnis stehen, die sich gegenseitig beeinflussen und bestärken, dazu beitragen können, einige Phänomene unseres Alltags in einem neuen Licht zu betrachten. Der springende Punkt ist nicht, *was* real ist und was nicht, sondern *wie* sich die verschiedenen Realitäten konstituieren und in welchem Verhältnis sie zueinander stehen.[1] Die reale Realität, so könnte man sagen, büßt im Austausch mit der Fiktion keineswegs an Realität ein, sie wird dadurch vielmehr immer realer, da sie immer komplexer wird und sich eigene Bedingungen schafft.[2]

Obwohl in diesem Essay der Bereich des Wahrscheinlichen im Mittelpunkt stehen soll, werde ich mich diesem noch einmal über den Umweg der Fiktion nähern und mich zunächst kurz dem scheinbaren Rätsel des Reality-TV widmen. Ich denke dabei an Sendungen wie »Big Brother« und die Berichterstattung über den Alltag ganz normaler Menschen. Auf den ersten Blick scheint dieses Phänomen unerklärlich, da es eine Art Oxymoron darstellt: Als formales Vorbild dient ihm die etablierte fiktionale Form der Fernsehserie, in der Ereignisse beobachtet werden, von denen alle wissen, daß sie fiktiv sind und der Phantasie eines

1 Im Sinne der Unterscheidung zwischen »Was-Fragen« und »Wie-Fragen« (vgl. z. B. Luhmann 1990a).

2 Im konstruktivistischen Verständnis der Realität als Widerstandsfähigkeit (vgl. Luhmann 1997, S. 127).

Autors entspringen. Im Gegensatz dazu wurden der Plot und die Geschichten des Reality-TV – zumindest glauben wir das – von niemandem ausgetüftelt, und so gesehen sind sie real. Das Reality-TV wird also in die Form der Realitäts-Fiktion übersetzt, d. h. in einen paradoxen Gegenstand, dessen Realität man gleichzeitig betont und leugnet.

Das gibt zu kühnen und auf den ersten Blick plausiblen Spekulationen Anlaß, etwa Baudrillards vieldiskutierter These von den »Verbrechen gegen die Realität«:[3] Das Virtuelle bzw. Fiktive ersetzt laut Baudrillard das Reale, und die Grenzen zwischen diesen Bereichen verschwimmen immer mehr. Anders als zuvor der Roman imitiere nun nicht länger die Fiktion die Realität, sondern die Realität die Fiktion. Und da in dieser Deutung Fiktion mit Nicht-Realität gleichgesetzt wird, schließt man daraus in einer Art syllogistischer Folgerung, daß die Realität *un*-wirklich werde – deshalb spricht man von einem Verbrechen gegen die Realität. Wir stünden sozusagen kurz vor dem Eintritt in eine neue Realität des Virtuellen, was als ein Problem wahrgenommen wird, da es widersprüchlich und damit falsch sei.

Diese von der Fiktion erzeugte Aushöhlung der Realitätsordnungen dehne sich auf alle Kommunikationsebenen und unseren Bezug zur Welt aus, weshalb man in der virtualisierten Realität auch behaupten kann, daß der Golfkrieg nie stattgefunden hat.[4] Sobald die reale Realität in den Formen und Formaten der Fiktion vermittelt wird, wird sie selbst unwirklich. Doch was ist dann wirklich und was un-wirklich, und wie lassen sich Kontingenz und Willkür bestimmen?

3 Vgl. Baudrillard 1996.
4 Vgl. Baudrillard 1991.

Die Schwäche dieser vermeintlichen Provokation ist in meinen Augen, daß sie die semantische Tatsache der Realitätsverdoppelung und ihre soziale Bedeutung verkennt: Moderne Fiktion ist immer realistisch, und gerade deshalb wurde sie als Fiktion anerkannt, d. h. als eine autonome Realität mit eigenen Regeln; gerade deshalb konnte sie die reale Realität komplexer machen und ein Instrument zur Beobachtung der Beobachtung anbieten, die in dieser Form in der realen Realität nicht möglich ist. Die Fiktion funktioniert als ein Spiegel, in dem man das sieht, was man nicht direkt beobachten kann. Sie erlaubt die Beobachtung der Welt aus einer paradoxen Perspektive, und dies wirkt sich grundlegend auf die Komplexität der Welt aus – und damit auf die Realität der Realität.

Wie man diesen Spiegel konstruiert, ist dann eine andere Frage. Doch wenn der Mechanismus geklärt ist, mit dem eine Person die Beobachtungen zweiter Ordnung, die sie von sich selbst und von anderen macht, in die reale Realität integriert, dann hat das nichts mit dem Status dieser Beobachtungen zu tun. Die Formen wandeln sich natürlich, doch an der Verdoppelung selbst ändert das nichts. Es handelt sich nicht um die Imitation der Realität durch die Fiktion oder umgekehrt. Die Fiktion ist darauf gar nicht angewiesen, denn die Realität ist, wie wir inzwischen wissen, in der Regel wenig realistisch. Die Realität wiederum ist davon nicht betroffen, da das aus der Fiktion gewonnene Wissen eher der Abweichung als der Anpassung dient.[5] Es geht also nicht darum, mit den Mitteln der Imitation die Einheit von Realität und Fiktion wiederherzustellen: Gerade der Unterschied ist das wirklich Entscheidende, und

5 Vgl. Esposito 2004, S. 79ff.

er muß aufrechterhalten werden. In diesem Sinn markiert das Reality-TV den Höhepunkt einer Tendenz, die keineswegs neu ist und die die Stärke und Komplexität der fiktionalen Literatur ausmacht. Schon zu Beginn der Epoche des »bürgerlichen Romans« erlaubte es sich Walter Scott, historische Tatsachen zur Erstellung von Fiktionen zu verwenden, und der historische Roman hat immer sehr gut funktioniert.[6] Hat man den Unterschied zwischen Realität und Fiktion einmal akzeptiert, kann man alles mögliche in den »Fiktionsmodus« eingeben: Man muß dabei allerdings beachten, daß es sich um Beobachtungen handelt, die im Modus der Beobachtung zweiter Ordnung gemacht werden. Die Beobachter können dann beobachten, was sie sonst nicht beobachten können und wie sie sich gegenseitig beobachten. Doch all das geschieht unter Beobachtungsbedingungen, die in der unmittelbar erfahrenen Realität nicht existieren. Die Fiktion funktioniert eben wie ein Spiegel, in dem man sich selbst und die eigene Welt reflektiert: Ob die beobachteten Ereignisse dann wirklich eintreten, macht keinen großen Unterschied. Allerdings unterstreicht es den Grad der Autonomie der Fiktion, wenn sie nun sogar in der Lage ist, die Vernunftwidrigkeit und Unvorhersehbarkeit des Realen abzubilden, ohne unverständlich zu werden.[7] Mit anderen Worten: Es gelingt der Fiktion, realistisch zu wirken, auch wenn sie die reale Realität wiedergibt, die ei-

6 Ganz ähnlich wie im Bereich der Wahrscheinlichkeit verleiht auch hier die Objektivität (in diesem Fall die der historischen Tatsachen) dem Roman größere Freiheiten, während andere Formen der expliziten Fiktion zu größter Strenge verpflichten. So erklärte Andrea Camilleri auf die Frage, was die Grundregel des Kriminalromans sei: »Völliges Kleben an der Realität. Eigentlich schreibe ich lieber historische Romane, in denen man sich bis zu einem gewissen Punkt logische und zeitliche Sprünge herausnehmen kann. Der Krimi verbietet mir das. Alles muss räumlich und zeitlich logisch sein. Ein echtes Kopfzerbrechen.« (*Venerdì di Repubblica*, Nr. 900, 17. 5. 2005, S. 35)

gentlich notorisch unrealistisch ist. Die Realität, in der wir leben, ist deshalb so komplex, weil die Verwicklungen und wechselseitigen Spiegelungen von realer und fiktiver Realität längst ein Teil von ihr geworden sind. Da der Unterschied zwischen diesen Bereichen heute deutlich ist und kaum noch in Frage gestellt wird, funktioniert *fiction* besser denn je. Wenn das nicht der Fall wäre und wenn die mediale Vermitteltheit der dargestellten Realität nicht so offensichtlich wäre, würden sich die Abenteuer der Menschen im »Big Brother«-Container einfach in die irrelevanten und banalen Erlebnisse irgendwelcher Leute verwandeln – so wie die Angelegenheiten von Moll Flanders, Emma Bovary und Holden Caulfield im übrigen auch.

7 Hier spielt natürlich die öffentliche Komponente der Fernsehkommunikation eine große Rolle: Man beobachtet das, was die anderen Beobachter beobachten, und alle wissen es. Zu diesem wichtigen Aspekt, den wir hier nicht vertiefen können, siehe das Konzept der »zweiten nicht konsenspflichtigen Realität« (Luhmann 1995, Kapitel 12).

IX. Sichere Risiken

Der Apparat der *fiction* befaßt sich mit der Undurchschaubarkeit der Realität in der sozialen Dimension, d. h. der Beobachtung und Selbstbeobachtung der Beobachter, die immer undurchsichtig, da inhärent zirkulär ist.[1] Unser Gegenstand ist jedoch in erster Linie die Intransparenz der Zeitdimension, für die man – so unsere Hypothese – die Wahrscheinlichkeitsrechnung erfand. Die Parallelen und Verflechtungen zwischen den Dimensionen lassen uns hier analoge Mechanismen vermuten, so wie ja zum Beispiel die Zirkularität in beiden eine wichtige Rolle spielt: In diesem Fall würde das die Abhängigkeit der Zukunft von den in der Gegenwart getroffenen, auf die Zukunft ausgerichteten Entscheidungen betreffen. Und so wie die Fiktion gar nicht so fiktiv ist, wie man meist annimmt, ist unter Umständen auch die Wahrscheinlichkeit weniger wahr, als man vermutet – in beiden Fällen beeinträchtigt das die Funktion dieser Formen der Realitätsverdoppelung nicht. Im Gegenteil trägt dieser Umstand möglicherweise sogar zur Klärung scheinbarer Rätsel bei.

Im Bereich der Wahrscheinlichkeit ist der Begriff, in dem sich das Paradoxon der Fiktion ausdrückt, das typisch moderne Konzept des Risikos. Das Rätsel besteht im Verhältnis von Risiko und Sicherheit. Der Versuch, Risiken zu vermeiden, ist selbst riskant, während die Suche nach Sicherheit keineswegs sicher ist. Die Forschung zu diesem Thema hält eine Unzahl von Beispielen bereit: aus der Ökologie, der Technikanwendung, der Erziehung, der

1 Der technische Begriff ist jener der doppelten Kontingenz (vgl. Luhmann 1984, Kapitel 3).

Versicherungswirtschaft usw. Gerade Versicherungen gehören zweifellos zu den Risikomultiplikatoren. Man denke nur an das Risiko, das man eingeht, wenn man sich nicht versichert, oder aber an das Prinzip des *moral hazard*, nach dem sich ein Versicherter leichtsinniger verhält und so neue Risiken erzeugt.[2] Einmal mehr bieten jedoch die Finanzmärkte die aufschlußreichsten Beispiele, vielleicht weil in keinem anderen Bereich das Spiel mit der Kontingenz der Zeit so deutlich sichtbar wird: Es ist riskant, aggressiv zu spekulieren, doch wer es nicht tut, läuft Gefahr, sich Chancen entgehen zu lassen; man schützt sich gegen diese Risiken mit speziellen Instrumenten, den sogenannten Derivaten (Optionen und *futures*), von denen jedoch neue Gelegenheiten zur Spekulation ausgehen, die mit der Erwartung von Erwartungen operieren und daher besonders schwer zu kontrollieren sind. Damit nimmt die Risikoanfälligkeit der Märkte insgesamt weiter zu.

Doch was haben die Wahrscheinlichkeit und die Fiktion damit zu tun? Wie bei genauerem Hinsehen sofort klar wird, sind die Vorstellungen von Risiko und Wahrscheinlichkeit eng miteinander verknüpft: Im Grunde handelt es sich nur um zwei Begriffe zur Beschreibung desselben Gegenstands. Historisch gesehen überrascht es daher nicht, daß sie zur gleichen Zeit entstanden. Wäre die Zukunft determiniert, gäbe es kein Risiko. Man würde von Ungewißheit sprechen oder von Unwissen, man könnte nicht sicher sein, ob die Dinge gut ausgehen. Aber das Schicksal von Ödipus hat nichts mit Risiko zu tun, er riskiert nichts und

2 Zu diesem Phänomen gibt es inzwischen sehr viel Literatur. Als »Klassiker« gelten Douglas und Wildavsky 1982, Perrow 1987 und Wildavsky 1988. Auf einem höheren theoretischen Niveau hat sich auch Luhmann mit dem Thema auseinandergesetzt (1991).

hätte den Verlauf der Geschichte ohnehin nicht beeinflussen können, was ihr Ausgang ja auch beweist.

Ein Risiko geht hingegen derjenige ein, der mit seinem eigenen Verhalten bewußt den Verlauf der Dinge beeinflußt. Die Frage ist also wieder einmal zirkulär: Man benötigt dazu einige Daten über die Zukunft, die man zu erwarten hat. Die Zukunft, in die hinein man die Risiken entwirft, ist jedoch nicht sicher, sondern lediglich wahrscheinlich. Sie ist eine Fiktion und nicht die Realität, aber ihre Wahrscheinlichkeit muß sich bestimmen lassen. Auch in Form der zukünftigen Gegenwarten kann man über die Realität nichts wissen und nichts sagen, und damit stellt sie genaugenommen nicht einmal ein Problem dar, sondern allenfalls einen Anlaß zur Sorge.

Dasselbe gilt auch für Glücksspiele, die traditionell nicht als Problem aufgefaßt wurden und um deren Formalisierung man sich demnach auch nicht bemühte. Das Interesse an einer systematischen Auseinandersetzung mit der riskanten Zukunft entstand erst, als es notwendig wurde, ein Verfahren für den Umgang mit Risikoverträgen zu entwikkeln, d. h. für bestimmte Abkommen, in denen der Zufall eine zentrale Rolle spielt: Versicherungen und Leibrenten, Erbschaftserwartungen oder eben Glücksspiele.[3] Das Problem war in erster Linie ein juristisches, der Übergang zu einem neuartigen Niveau der Abstraktion war jedoch die Grundlage, auf der es möglich wurde, zwischen einer rationalen (oder zumindest an nachvollziehbaren Kriterien ausgerichteten) Entscheidung und simplen Wetten zu unterscheiden. Während das Glücksspiel der zweiten Kategorie zugeordnet wurde, wurden Versicherungsverträge nun

3 Vgl. Daston 1988, S. 19ff.; Ceccarelli 2003, S. 111ff. und S. 413; D'Agati 2004, S. 80.

zum Beispiel für einen umsichtigen Familienvater akzeptabel, da sie sich zunehmend auf klare Regeln stützten und so den Charakter des Zufälligen immer mehr verloren. Bis ins 16. und 17. Jahrhundert hinein beruhten Versicherungen auf einer Mischung von Erfahrung und Intuition, und sie orientierten sich an den spezifischen Merkmalen des Einzelfalls. Eine Art von auf Erfahrung gegründetem »sechsten Sinn« erlaubte es dem Versicherungsgeber, die Vertragsbedingungen festzulegen. Faktisch stellte der Vertrag jedoch eine Wette dar, bei der man nach dem jeweiligen Lauf der Dinge gewinnen oder verlieren konnte. In der Folgezeit stützten sich die Verträge jedoch auf probabilistische Überlegungen und Daten wie z. B. Sterblichkeits- oder Unfallstatistiken und damit auf mutmaßlich objektive Kriterien.[4] Sie bezogen sich allerdings auf einen fiktiven Bereich, der von den Besonderheiten des konkreten Einzelfalls absah. Im Zusammenhang mit der Wahrscheinlichkeit wurde dieser Punkt aber riskant. Die Verträge orientieren sich an einem Zukunftsentwurf, man geht davon aus, daß sich die Ereignisse in einer bestimmten Weise entwikkeln werden. Auf der Grundlage dieses Entwurfs kann man Entscheidungen treffen, um günstige Gelegenheiten zu ergreifen, man kann sich aber auch vor Gefahren schützen, indem man Verträge für Leibrenten oder Versicherungen abschließt. Die Wahrscheinlichkeitsrechnung läßt sich dann als Formalisierung einer mathematischen Hoffnung, als ein »calcul des espérances«[5] definieren, die eine alles andere als fatalistische Haltung erzeugt, die Zukunft zum Gegenstand von Entscheidungen macht und damit zu einer

4 Aus der Regelmäßigkeit der Fälle (»règle de partis«) will man eine Regel für Wetten ableiten (»règle de paris«) (vgl. Coumet 1970, S. 584).

5 Ebd., S. 597.

Quelle des Risikos. Aus diesem Grund stieß im 17. Jahrhundert auch die Konstruktion Pascals und Fermats auf Widerspruch, da sie reale Entscheidungen auf eine explizit als fiktiv beschriebene Grundlage stellen wollte. Ihr Ansatz, der sich statt auf reale Daten bloß auf abstrakte Möglichkeiten stützte, stelle einen Fehlschluß dar.[6] Allerdings verstummten diese Einsprüche im Lauf der Zeit. Nicht etwa weil man die »reale« Legitimation der Fiktion akzeptiert hätte, sondern weil das Bewußtsein für den zweideutigen Status der Statistiken als Realitätsersatz schwand. Dieses Bewußtsein hatte, wie bereits Leibniz betonte, dazu geführt, daß die Spekulationen, bei denen es sich ohnehin nur um eine Meinung handelte, keineswegs die Ausschaltung des Risikos erlaubten, da sie ja nichts darüber sagten, was geschehen würde. Sie boten lediglich einen Anhaltspunkt dafür, was man tun und wie man Entscheidungen treffen sollte.[7] Man geht genau in der umgekehrten Reihenfolge vor, man entwickelt ein Szenario für die Zukunft und entscheidet sich dann in der Gegenwart, man definiert das Sichere über das Unsichere. Doch die Unsicherheit der Dinge und die Offenheit der Zukunft offenbaren sich in dem, was Leibniz als eine pluridimensionale Tatsache erkannte: Die Tragweite der Folgen stimmt nicht mit der Tragweite der Schlußfolgerungen überein.[8]

In unseren Begriffen bedeutet das: Niemand kann wissen, ob sich die Dinge in der Zukunft so abspielen, wie wir es in der Gegenwart vorhersehen. Gleichzeitig kann man sich jedoch nicht darauf verlassen, daß wir die Dinge in der

6 Vgl. ebd., S. 594.

7 Vgl. Leibniz' Brief an den Herzog Johann-Friedrich von Hannover 1678, in *Allgemeiner politischer und historischer Briefwechsel*, Darmstadt 1927, Band 2, S. 112, zitiert bei Coumet 1970, S. 585.

8 Vgl. Leibniz 1996, 2. Band, Kap. XXI, § 66.

Zukunft so bewerten werden, wie wir es in der Gegenwart tun. Deshalb bieten Entscheidungen, die sich an der Wahrscheinlichkeitsrechnung orientieren, weder einen Schutz gegen die Unsicherheit der Welt noch gegen die Möglichkeit, Entscheidungen später bereuen zu müssen.

Kehren wir nun zum Risiko zurück: Sich einzubilden, man könne durch stochastische Berechnungen die Wahrscheinlichkeit als Form des Risikos in irgendeine Art der Sicherheit umwandeln, kommt einer »Defuturisierung der Zukunft« gleich. Dadurch vergibt man die Chance, von der Unsicherheit der Zukunft zu profitieren, die den eigentlichen Vorteil der Fiktion ausmacht. Im Spiegel der Fiktion beobachtet der Beobachter sich selbst und die anderen. Allerdings beobachtet er nicht aus der distanzierten Perspektive, aus der man zum Beispiel durch das Zimmerfenster auf die Welt blickt. Dennoch ist er in der Lage, aus der Fiktion Informationen abzuleiten, die in der realen Welt nützlich sein können. Das Rätsel der riskanten Sicherheit und der Sicherheit des Risikos, das unvermeidlich ist, löst sich so in der Entscheidungssituation auf, in der eine Person sich ihre eigenen Entscheidungen zunutze macht, um Asymmetrien zu erzeugen, die die Zukunft aussagekräftig werden lassen. Dadurch bereitet sie sich indirekt darauf vor, anders zu entscheiden, wenn die Zukunft erst einmal Gegenwart geworden ist oder wenn sie mehr über die Entscheidung der anderen weiß. Wer adäquat mit Risiken umgeht, erzeugt also neue Risiken im Sinne neuer Möglichkeiten. Dabei geht er allerdings nicht völlig zufällig vor, sondern in einer Form, die andere beobachten können.

Wenn man das Vorgehen so darstellt, wirkt es extrem abstrakt, dabei kommt es schon heute in konkreten Situationen zur Anwendung. Die Entscheidungstheorie zum Beispiel operiert schon seit einiger Zeit auf dieser Ebene.[9] Das gilt vor allem in Organisationen, aber auch in der Politik, den Medien und sogar in der Wirtschaft finden solche komplexen zirkulären Ansätze eine immer größere Verbreitung. Wie schon häufig festgestellt wurde, fehlen uns für eine angemessene Auseinandersetzung mit der Unbestimmtheit der Zukunft vor allem theoretische Konzepte zur Interpretation von Trends, die sich gleichwohl fortsetzen und so diese Unbestimmtheit noch undurchsichtiger machen. Natürlich lassen sich Risiken nie ausschalten, im Gegenteil, man kann aber zur Klärung ihrer rätselhaften Aspekte beitragen und so dem Fatalismus entgegenwirken, der bisweilen mit dem Verlust der Sicherheit einhergeht. Einmal mehr bedeutet die Ausrichtung an der Fiktion nicht, den Bezug zur Realität aufzugeben.

9 Vgl. z. B. Weick 1995; Luhmann 2000a, Kapitel 4.

X. Der Realismus ökonomischer Theorien

Wenn die Realität unserer Gesellschaft auf dem Spiel steht, dann betrifft dieses Problem weniger die reale Realität als vielmehr die Fiktion. Das liegt nicht zuletzt daran, daß es eine Vielzahl unterschiedlicher fiktionaler Genres gibt, während die reale Realität den exklusiven Anspruch hat, einmalig zu sein. Allerdings umfaßt die Realität im vollständigen Sinn beide Ebenen einschließlich der Beziehungen zwischen ihnen. Die entscheidende Frage ist, wie diese Beziehungen beschaffen sind und wie man sie verstehen soll: Die Fiktion ist anscheinend um so realer im Sinne von wirkungsvoller, je offensichtlicher ihr (nur) fiktiver Charakter ist. Was die Fiktion in Form fiktionaler Texte oder Filme angeht, beweisen die Massenmedien nachdrücklich die wirkungsvolle Verflechtung der Ebenen, aber das ist nicht der Gegenstand unserer Untersuchung. Uns interessiert vielmehr, ob es auch auf dem Gebiet der probabilistischen Fiktion Beispiele gibt, an denen sich ihre reale Bedeutung veranschaulichen läßt. Gibt es einen gesellschaftlichen Bereich, dessen Realitätsbezug vor allem von den realistischen und irrealen Projektionen der Statistik abhängt? Ich glaube, und das ist sicher keine große Überraschung, daß sich auch hier ein Blick auf die Ökonomie lohnt.

Um die Grundlagen der ökonomischen Theorie gibt es schon seit längerer Zeit einen heftigen Streit. Dabei werden ganz unterschiedliche Aspekte diskutiert, etwa das Konzept der Rationalität, die Beziehung der Ökonomie zu anderen Sozialwissenschaften, die Bedeutung von Formalisierung und Informationen und nicht zuletzt, in der ein wenig künstlichen Gegenüberstellung von theoretischer Strenge und empirischem Nutzen, der Zweck der Theorie selbst. Mein Eindruck ist allerdings, daß sich in den unterschiedlichen Kontroversen zwei zentrale Probleme ausmachen lassen, die beide mit der Wahrscheinlichkeit zusammenhängen: die Bedeutung der Modellbildung bzw. Formalisierung und die Berücksichtigung der Zeit.

Unter Wirtschaftswissenschaftlern ist die Auffassung weit verbreitet, die Disziplin befinde sich in einer Krise. Die Formalisierung spielt in diesen Diagnosen eine wichtige Rolle. Teilweise wird sie als Ursache der Krise ausgemacht, andere Autoren versprechen sich gerade von ihr die Lösung aller Probleme. So ist etwa davon die Rede, daß aufgrund eines »Zwangs zur Strenge« der praktische Nutzen der Theorie vernachlässigt worden sei,[1] man beklagt den mangelnden Weitblick als Folge unzureichender theoretischer Fundierung und der Engführung auf reinen Formalismus,[2] stellt fest, daß die Disziplin einen Zustand erreicht habe, in dem Präzision und Wahrheit einander widersprächen, oder daß eine Wirtschaftswissenschaft, die sich nur noch mit der Lösung technischer Probleme befaßt,[3] kurz davor stehe, zu einem »Ableger der Ingenieurswissenschaften« zu verkommen.[4] So sei ein Theoriegebäude entstanden, das mit den Problemen des ökonomischen Alltags nicht mehr viel zu tun hat. Die einzelnen Theorien seien an eine Reihe angeblich von externen Einflüssen unabhängiger Variablen geknüpft. In einer »realen« Welt, in der die angenommenen Variablen nicht konstant sind und in der

1 Vgl. Backhouse 1994, S. 11ff.
2 Vgl. Heilbroner/Milberg 1995, S. 44ff.
3 Vgl. Stiglitz 2003, S. 579.
4 Vgl. Mayer 1993.

das Wissen immer unvollkommen ist,[5] müsse eine Theorie, die einen Gleichgewichtszustand voraussetzt, zwangsläufig zu irrelevanten Schlußfolgerungen führen.[6] Daher sei es keine große Überraschung, daß die Praktiker sich Disziplinen wie der Managementlehre oder der Unternehmensforschung zuwenden.[7]

Das eigentliche Problem bestehe allerdings in der Unfähigkeit der Ökonomen, ihre eigenen Fiktionen auch als solche zu erkennen. Mit anderen Worten: Nicht die mathematische Formalisierung als solche sei schädlich, sondern die Neigung der Wirtschaftswissenschaftler, diese fiktiven Konstruktionen für die reale Realität zu halten. In diesem Sinne litten sie an ihrem allzu naiven Umgang mit der Verdoppelung der Realität. Genauso formulieren das auch einige Wissenschaftler selbst (die oft die schärfsten Kritiker dieses Ansatzes der ökonomischen Theorie sind): Laut von Mises ist es das größte Hindernis für die mathematischen Ökonomen, daß sie die Konstruktionen, die sie selbst geschaffen haben, um sie mit mathematischen Methoden beschreiben zu können, am Ende für »etwas halten, das wirklich existiert«.[8] Für Akerlof ist die Ökonomie »blind und verrückt«, weil die Ökonomen »häufig glauben, daß das ökonomische Modell die reale Welt ist«.[9] Vielmehr sollten sie ihre Modelle lediglich als Folie benutzen, an der sie ihre Beobachtungen aus der realen Welt abgleichen können. Doch die Verwechslung von fiktiven Modellen und realer Realität führe zu viel zu einfachen Annahmen, von denen dann falsche empirische Prognosen abgeleitet würden.[10]

5 Vgl. Shackle 1972, S. 74.
6 Vgl. Soros 1994, S. 37.
7 Vgl. ebd., S. 39.
8 von Mises in Swedberg 2000, S. 108.
9 Akerlof in Swedberg 1990, S. 77.

Swedberg schließlich stellt fest, daß ökonomische Theorien allgemein die Tendenz hätten, »die Realität nach dem eigenen Bild zu verändern«, und dies gerade auf der Grundlage der mathematischen Modelle, die für die Theoretiker eine Realität eigener Art darzustellen scheinen:[11] Sie gehen also von einer Fiktion aus, ohne sie als solche wahrzunehmen, ihr Realitätshorizont ist daher verzerrt. Soros betont allerdings ausdrücklich, daß die Auseinandersetzung mit der Fiktion sinnvoll sein kann, »wenn man wahrscheinliche Entwicklungen vorhersagen will, nicht aber, wenn man den tatsächlichen Ablauf der Ereignisse prognostizieren möchte«.[12] Das Zitat impliziert dabei, daß auch Soros zwischen wahrscheinlichen und realen Entwicklungen unterscheidet und diese Ebenen für ihn nicht dekkungsgleich sind. Die quantitativen Daten, die die Märkte liefern, sind nicht deshalb nützlich, weil sie wahr sind oder zeigen, wie sich die Lage zukünftig entwickeln wird, sondern weil sie die »Parameter« liefern, anhand deren die Subjekte ihre Fehler erkennen können.[13] Sie sind ein Spiegel zur (Selbst-) Beobachtung der Beobachter, aber kein Fenster zur Welt.

Doch wie läßt sich dann das sture Beharren auf der Realität der Modelle erklären? Eine Richtung innerhalb der ökonomischen Theorie, die den orthodoxen Ansatz kritisiert, wird inzwischen von zahlreichen Nobelpreisträgern vertreten. Unter Berufung auf Autoren wie Stiglitz und Akerlof geht man davon aus, daß die Vorstellung von der Möglichkeit vollständiger Information das Grundproblem

10 Vgl. ebd., S. 80.
11 Vgl. Swedberg 2003, S. 299.
12 Soros 1994, S. 58.
13 Vgl. ebd., S. 333f.

darstellt, auf das sich eine ganze Reihe von Vereinfachungen zurückführen läßt, etwa die Vorstellung von der Effizienz der Märkte, der Glaube an die Tendenz zum Gleichgewicht und die Rationalität der Akteure. In der hier verwendeten Terminologie besteht der entscheidende Fehler also in der Entwicklung von Modellen auf der Basis einer probabilistischen Logik, die (wie im Beispiel der Urnenmodelle) auf gegebenen Wahrscheinlichkeiten beruht, deren Konfiguration, je nach Fähigkeiten und Kenntnissen des Beobachters, mehr oder minder vorhersehbar ist. Je mehr der Beobachter weiß, desto mehr nähert er sich dem Zustand der vollständigen Information, während der Begriff der Wahrscheinlichkeit sich in der Regel auf das Ausmaß unserer Unkenntnis bezieht. Folgt man dieser Überlegung, ist es möglich, Modelle zu entwickeln, diese in eine mathematische Form zu überführen, Berechnungen anzustellen und Prognosen zu formulieren. Das Problem dabei scheint jedoch zu sein, daß ein Akteur, der auf einem realen Markt operiert, nie über vollständige Informationen verfügt. Allerdings wäre das auch gar nicht wünschenswert. Wenn formale Modelle folglich zu irgend etwas nützlich sind, dann wohl kaum zur realistischen Beschreibung ökonomischer Prozesse.

Darauf hatte Frank Knight bereits in den zwanziger Jahren hingewiesen. Knight, dessen Überlegungen immer dann eine erneute Konjunktur erleben, wenn die ökonomische Theorie revidiert werden soll, behauptet, daß die Ansätze, die Gleichgewicht und Rationalität in den Mittelpunkt stellen, auf einseitigen Vereinfachungen der Realität beruhen.[14] Akteure gehen bei ihren Entscheidungen immer

14 Vgl. Knight 1921, S. 187.

von unvollkommenen, lediglich indirekt ermittelten Daten aus. Sie interessieren sich nicht für das, was (wahrscheinlich) geschehen wird, was »wir nicht wissen und was wir nicht wissen wollen«, sie orientieren sich an der Konkurrenz und an dem, was laut der Meinung renommierter Fachleute eintreten kann.[15] Wenn sie eine Entscheidung treffen müssen, dann erstellen die Akteure nach Shackle nicht zuerst eine Liste aller möglichen Szenarien, denen sie dann bestimmte Wahrscheinlichkeiten zuordnen. Sie beziehen sich auf Daten, an denen sie eine »Hoffnung festmachen« können, Daten, die auf Vermutungen und »reasoned imagination« basieren.[16] Märkte dienen also nicht (nur) dazu, gegebene Informationen zu verbreiten, sie generieren durch die gegenseitige Beobachtung der Beobachter auch neue Informationen.[17] Dadurch entstehen jedoch spezielle Informationsprobleme, etwa wenn Händler asymmetrisch verteiltes Wissen ausnutzen, um Gewinne zu erzielen.[18] Doch das ist genau die Funktion, die wir der Wahrscheinlichkeitsfiktion zugewiesen haben: Sie dient nicht zur Beschreibung der Welt, sondern sie erlaubt es zu beobachten, wie andere die Welt beobachten. Die Frage ist dann nur, wie man diese Beobachtung interpretiert.

Das sogenannte »Saure-Gurken-Problem«, das Akerlof in seinem berühmten Aufsatz *The Market for »Lemons«* erläutert,[19] demonstriert beispielhaft, daß Informationen

15 Vgl. Soros 1994, S. 273.
16 Vgl. Shackle 1972, S. 96.
17 Dazu schreibt White: »Märkte sind konkrete Gruppen von Produzenten, die sich gegenseitig beobachten. Steigende Nachfrage erzeugt eine Art Spiegel, in dem sich die Produzenten selbst sehen, nicht die Konsumenten.« (1981, S. 543) Allerdings gilt auch dies nur unter der Bedingung unvollständiger Information (vgl. ebd., S. 518).
18 Vgl. Stiglitz 2003, S. 582ff.
19 Vgl. Akerlof 1970.

notwendigerweise unvollständig sind. Gerade am Grenzfall eines zusammenbrechenden Marktes wird sichtbar, welche Mechanismen auf funktionierenden Märkten wirken. In Fällen unüberwindbarer Informationsasymmetrie, etwa der zwischen Gebrauchtwagenhändler und potentiellem Käufer, der nie mit Sicherheit wissen kann, ob das fragliche Auto in Ordnung oder eben »eine Zitrone«, wie mangelhafte Gebrauchtwagen in den USA genannt werden, ist, müßte der Markt in dem Moment zusammenbrechen, in dem die Käufer Statistiken benutzen, um die Qualität der Angebote zu beurteilen. Auf dem Gebrauchtwagenmarkt dürften demnach nur mangelhafte Autos gehandelt werden, da auch die Eigentümer tadelloser Wagen nicht den wahren Preis erzielen würden, sondern lediglich den eines schlechten Fahrzeugs. Dieselbe Situation tritt ein, wenn ein Kunde, der über 65 Jahre alt ist, eine Krankenversicherung abschließen möchte: Informationsasymmetrien machen den Markt kaputt.[20] Damit gibt es aber keinen vollständig transparenten Markt, auf dem der Verkäufer die Information über den wahren Wert seines gepflegten Gebrauchtwagens verbreiten könnte. Märkte sind nicht in der Lage, solche Information zu vermitteln.

Diese Beobachtung gilt vermutlich auch für andere Märkte. Blockaden werden lediglich verhindert, weil die Akteure das Verhalten der anderen Akteure beobachten und daraus Schlüsse ziehen, mit deren Hilfe sie diese Asymmetrien überwinden. Doch genau dieser zentrale Aspekt der Herstellung und Zirkulation von Informationen wird in statistischen Modellen und bei der Berechnung von Wahrscheinlichkeiten nicht berücksichtigt. Der Markt für

20 Ebd.

Gebrauchtwagen funktioniert, weil Vertrauen im Spiel ist, das nicht direkt von Informationen über die Qualität der Ware abhängt. Das Verhalten der Verkäufer erlaubt Rückschlüsse auf ihr Vertrauen in die Produkte, und dieses Verhalten wird von den Käufern beobachtet. Es handelt sich dabei allerdings um Informationen »zweiter Ordnung«, sie betreffen nicht die angebotene Ware, sondern die Beziehung zwischen den Akteuren. Weil sie auf dem Markt entstehen, sind diese Informationen aber niemals vollständig.[21] Trotzdem stellen sie keine Verzerrungen oder Pathologien von Märkten dar, die ansonsten korrekt funktionieren. Märkte beruhen vielmehr gerade auf dieser Form des *bargaining* und auf Spekulation. Sie lassen sich nicht durch die vollständige Information der Beteiligten erklären, nicht einmal im Idealfall und auch nicht im Sinne einer probabilistischen Annäherung.[22] Ein »spekulativer Markt [...] braucht Unsicherheit«[23], und »spekulativ sind solche Märkte, auf denen die Preise sich als Reaktion auf Meinungen bezüglich der zukünftigen Preise bewegen«.[24] Aber das gilt für jeden Markt. Tatsächlich ist unvollkommenes Wissen gerade eine Voraussetzung für das Funktionieren der Wirtschaft, weshalb alle Transaktionen immer zu einem gewissen Grad eine »Ausbeutung des Nichtwissens«[25] darstellen.

Jeder Akteur versucht, das unvollkommene Wissen für seine Zwecke zu nutzen, er tut dies auf der Basis von Informationen zweiter Ordnung, die er aus der gegenseitigen

21 Dies ist inzwischen eine gängige Meinung, vgl. beispielsweise Grossman 1989. Grossman betont explizit, »daß die Aktivitäten der Händler selbst Informationen übermitteln, die das Ergebnis ihrer Aktivitäten beeinflussen« (S. 1).
22 Vgl. Shackle 1972, S. 98 und S. 158.
23 Strange 1986, S. 115.
24 Ebd., S. 115.
25 Shackle 1972, S. 12.

Beobachtung der Akteure, die andere beobachten und dabei gleichzeitig beobachten, wie sie selbst beobachtet werden, ableitet. Bei ihren Entscheidungen berücksichtigen sie nicht nur die eigenen Ziele, sondern auch, wie diese Entscheidungen die Einschätzungen der Konkurrenten beeinflussen werden. Akteure können Informationen auch strategisch einsetzen, sie können eher defensiv mit ihnen umgehen oder durch ihr Verhalten gezielt Signale an andere Marktteilnehmer senden, etwa indem sie keine Anteile an der eigenen Firma verkaufen, da dies als Zeichen für Probleme interpretiert würde.

Natürlich ist es sehr schwierig, solche Informationen in Modellen zu berücksichtigen, insbesondere weil »eine Information auf unzählige Arten falsch sein kann, aber nur auf eine einzige richtig«.[26] Jede fiktive Realität, durch die die reale Realität komplexer wird, erzeugt einen weiteren Fall unvollständiger Information. Allerdings wäre es völlig falsch, diese Informationen als mangelhaft oder falsch zu qualifizieren, nicht zuletzt weil sie reale Folgen haben. Gerade aufgrund ihrer Unvollständigkeit und weil sie die Beobachtung des noch nicht zur Realität Gewordenen erlauben, sind sie nützlich. Mit anderen Worten: Mit der Orientierung am Wahrscheinlichen soll die Unsicherheit nicht ausgeschaltet werden, vielmehr wird sie erst handhabbar, indem systematisch zusätzliche Möglichkeiten erzeugt werden. Es gibt sehr viele Formen der unvollständigen Information und ebenso viele Möglichkeiten, diesen Typ der Fiktion, die nicht wahr, aber auch nicht willkürlich ist, strategisch anzuwenden. Wie wir gesehen haben, können Fiktionen allerdings Konsequenzen für die Wirklich-

26 Stiglitz 2003, S. 583.

keit haben. Deshalb werden auch unvollständige Informationen im praktischen Alltag real – und das zum Teil auf verhängnisvolle Weise. Die Welt des Marktes besteht ja gerade aus Prognosen, Statistiken und Modellen. Dabei handelt es sich jedoch nicht um Informationen im eigentlichen Sinn, sie stellen vielmehr ein System zur Erzeugung von Informationen zweiter Ordnung dar – Fiktionen also, und nicht die unmittelbare Realität. Diese Art der Information läßt sich nicht in Modellen darstellen, dennoch sind die Modelle nützlich und interessant. Die mit den unvollständigen Informationen verbundene »selbsterzeugte Unsicherheit« scheint dazu verdammt zu sein, unsicher zu bleiben, aber gerade deshalb ist sie nützlich.

XI. Menschliche Rationalität und theoretische Vernunft

Wie versuchen die Ökonomen, diese mittlerweile erkannte Lücke in ihrem Theoriegebäude zu schließen? Als eine erste Möglichkeit deutet sich die Aufgabe, zumindest aber eine Einschränkung der obsessiven Formalisierung an. Außerdem öffnen sich die Wirtschaftswissenschaftler gegenüber den Beiträgen anderer Disziplinen. Vor allem der Import psychologischer Erkenntnisse, etwa Studien zu irrationalem Verhalten, ist heute vollständig anerkannt und weit verbreitet.[1] Auch Menschen, die sich prinzipiell zu den Grundsätzen der Rationalität bekennen würden, verhalten sich in konkreten Situationen oft vollkommen anders. Allerdings tun sie dies so regelmäßig, daß sich auch im Bereich des irrationalen Handelns Muster entdecken lassen, auf die sich wiederum Vorhersagen stützen können. Dazu gehören zum Beispiel Scheinzusammenhänge, der trügerische Glaube, daß das Eintreten eines bestimmten Ereignisses automatisch ein anderes Ereignis nach sich zieht, die Regression auf den Mittelwert, wenn etwa ein Spieler beim Roulette denkt, daß sich die Wahrscheinlichkeit von »Rot« erhöht, wenn die Kugel mehrere Male nacheinander auf »Schwarz« gefallen ist, und Kontrollillusionen von Personen, die ihre Fähigkeiten überschätzen oder glauben, zufällige Ereignisse beherrschen zu können.[2]

Das Konzept der »beschränkten Rationalität« muß al-

1 Mit Daniel Kahneman wurde auch bereits ein Vertreter dieser Richtung mit dem Nobelpreis ausgezeichnet.

2 Als Standardwerk für diese Art von Untersuchungen gilt Kahnemann/Slovic/Tversky 1982. Dem Buch folgte eine Vielzahl weiterer Studien.

lerdings nicht unbedingt zu einer Erschütterung der ökonomischen Theorie führen. Es kann sie sogar stärken, da empirische Ausnahmen die Gültigkeit ihrer Prinzipien nicht berühren. Auch wenn ökonomische Prozesse weniger rational ablaufen als in den Modellen vorgesehen, heißt das nicht, daß die Modelle falsch sind – es sind die Individuen, die sich irren. Die abstrakten Kriterien der Rationalität bleiben auch dann unangetastet, wenn man als »Störfaktor« einkalkuliert, daß reale Akteure auch unvernünftig handeln. Im Prinzip akzeptieren auch irrational oder nur bedingt rational handelnde Personen die Gültigkeit der Rationalitätsprinzipien. Sie wollen ihnen Folge leisten, auch wenn es ihnen letztlich nicht immer gelingt. Die Berücksichtigung der Ergebnisse der Psychologie zieht folglich nicht notwendigerweise eine Revision der Anlage der ökonomischen Theorie nach sich, sondern lediglich ein paar Anpassungen bei ihrer praktischen Anwendung. Vor allem aber, und damit sind wir wieder beim Thema dieses Essays, beziehen sich diese Überlegungen nicht auf das Verhältnis zwischen den ökonomischen Modellen und der Realität, die auch dann eindeutig und bestimmt bleibt, wenn Illusionen und Fehler ihre Wahrnehmung bisweilen verfälschen. Auch die um das Konzept der »beschränkten Rationalität« erweiterte Variante der ökonomischen Theorie unterscheidet sich daher stark von dem Ansatz dieses Essays. Für den Gedanken, daß die Nicht-Realität der Fiktion nicht unbedingt einen Mangel darstellt, daß sie vielmehr informative Hinweise auf andere Formen der Rationalität bieten kann, ist auch in der modifizierten Theorie kein Platz. Die Realität der Fiktion kommt nicht ins Spiel.

Die Annäherung der Wirtschaftswissenschaften an die Soziologie verläuft völlig anders als die an die Psychologie.

Autoren wie Heilbroner und Milberg fordern, daß die Ökonomie ihre *splendid isolation* aufgeben und sich für die anderen Sozialwissenschaften öffnen solle.[3] Swedberg und White sind ebenfalls dieser Auffassung und haben auf solchen Überlegungen ihr Forschungsprogramm aufgebaut, Akerlof preist überall die Notwendigkeit seiner »Psycho-, Sozio-, Anthropoökonomie« an,[4] auch Stiglitz fordert die Einbettung ökonomischer Analysen in einen breiteren sozialen und politischen Zusammenhang.[5] Diese Liste ließe sich beliebig verlängern, das Argument ist im übrigen auch nicht neu, schon Schumpeter hatte den fehlenden Dialog zwischen Ökonomen und Soziologen beklagt. Dadurch entstehe eine Situation, in der sich Ökonomen eine »primitive Soziologie« und Soziologen eine »primitive Ökonomie« schaffen.[6] Dabei könnte gerade die Soziologie, zu deren traditionellen Forschungsfeldern die wechselseitige Interpretation der Ansichten der Individuen gehört, zum Problem der Erzeugung von Informationen durch die (Selbst-) Beobachtung der Akteure einen wichtigen Beitrag leisten. Wodurch wurde diese potentiell fruchtbare Kooperation dann aber so lange verhindert? Warum spielten soziologische Argumente in der Auseinandersetzung um die Grundlagen der ökonomischen Theorie und ihre Rätsel keine ernsthafte Rolle?

Es ist das Verdienst von Wissenschaftlern wie Gary Becker, daß es seit den siebziger Jahren zu Versuchen gekommen ist, den Dialog wieder aufzunehmen.[7] Die Öko-

3 Vgl. Heilbroner/Milberg 1995, S. 126.
4 Vgl. z. B. Akerlof 1970.
5 Vgl. Stiglitz 2003, S. 613.
6 Vgl. Schumpeter 1965, S. 59.
7 Vgl. z. B. Becker 1988. Auch Gary Becker wurde mit dem Nobelpreis ausgezeichnet.

nomen waren allerdings nicht wirklich bereit, sich auf soziologische Argumente einzulassen, die der Logik der Ökonomie zutiefst fremd sind. Sie interessierten sich nicht wirklich für soziologische Untersuchungen, sondern begannen, mit ihren Werkzeugen und Begriffen sozialwissenschaftliche Themen zu bearbeiten – eine Haltung, die man auch als Ökonomischen Imperialismus bezeichnet hat. So entstand tatsächlich eine Art »primitiver Soziologie« im Schumpeterschen Sinn. Gleichzeitig übernahmen Soziologen ökonomische Denkfiguren, etwa den Ansatz der *rational choice*, in ihre Theorien.[8] Welche Wirkung diese Versuche auf die Soziologie hatten, ist an dieser Stelle nicht wichtig. Die ökonomische Theorie aber hat davon nicht weiter profitiert. Fraglich ist daher vor allem, warum genuin soziologische Konzepte nur unter großen Schwierigkeiten in die wirtschaftswissenschaftliche Diskussion eingebracht werden können.[9] Über die Gründe dafür könnte man lange spekulieren. Aus der Perspektive der Systemtheorie ließe sich anführen, daß die Wirtschaftswissenschaften als Reflexionstheorie des ökonomischen Systems in einem »Loyalitätsverhältnis« zu ihrem Gegenstand stehen.[10] Fest steht aber, daß die Integration von Ökonomie und Soziologie trotz aller Absichtserklärungen *wishful thinking* geblieben ist. Wir müssen also an anderen Stellen nach Anregungen für eine Erneuerung der ökonomischen Theorie suchen.

8 Vgl. z. B. Coleman 1973 und 1986.

9 Wenn, dann werden sie nur in Nebenbereichen, etwa zum Thema der Interaktionsmechanismen in ökonomischen Prozessen, rezipiert (vgl. z. B. Knorr Cetina/Bruegger 2002).

10 Vgl. Luhmann 1997a, S. 964f. Zu den Reflexionstheorien der Funktionssysteme S. 958ff.

XII. Statische Theorie und die Offenheit der Zukunft

An dieser Stelle möchte ich auf die Wahrscheinlichkeit zurückkommen und fragen, inwiefern unsere Überlegungen zur realistischen Fiktion bei der Lösung dieses Problems weiterhelfen können. Die Wahrscheinlichkeitstheorie entsteht wie erwähnt aus dem Bedürfnis, sich auf die unbekannte und unvorhersehbare Zukunft vorzubereiten, bzw. aus dem Versuch, eine sekundäre Form der Sicherheit zu finden. Sie hat also in erster Linie einen zeitlichen Bezug. Ihre Konstruktionen und Modelle beziehen sich auf die gegenwärtige Zukunft, nicht auf die zukünftigen Gegenwarten. Aber gerade wegen der Handhabung dieser Differenz hat sie konkrete Folgen. Wie wir bereits gesehen haben, führen viele Autoren die Krise der ökonomischen Theorie auf die Tatsache zurück, daß ihre Modelle die Bedeutung der Zeit nicht angemessen berücksichtigen. Von einer Lösung dieses Problems versprechen sie sich einen entscheidenden Beitrag zur Überwindung der mit der Formalisierung verbundenen Blockade. In unserer Terminologie geht es dabei um den Umgang mit der Wahrscheinlichkeit, die gerade im Bereich der Wirtschaft ihre blinden Flecken und deren Folgen zeigt.

Aber was hat die Wahrscheinlichkeit mit der Zeit tun?

Viele Wirtschaftswissenschaftler, die oft auch die übertriebene Formalisierung ihrer Disziplin kritisieren, sind der Meinung, daß die ökonomische Theorie der historischen Komplexität nicht genügend Aufmerksamkeit widmet. Gerade die Statistik führe zu einem »ergodischen« Verständnis der Zeit. Die Zeit der Ökonomie sei jedoch historisch, da sie aus Entscheidungen hervorgehe, die Zäsuren markieren und so einen Unterschied machen.[1] Das herrschende wirtschaftswissenschaftliche Paradigma ist statisch, es berücksichtigt die Zeit nicht und setzt implizit voraus, daß die Geschichte nicht zählt.[2] Die Anhänger dieser Position glauben, daß man die Entwicklung der Wirtschaft vorhersagen kann, wenn man die Technologie, die Ziele der Akteure und ihre Ressourcen kennt.[3] Darauf bezog sich Shackles klassische Kritik am Konzept der »pre-reconciled choices«, nach dem jeder Akteur die Entscheidungen seiner Konkurrenten kennt und auf dieser Basis selbst eine wohlüberlegte Entscheidung treffen kann.[4] Diese Bedingung wäre jedoch nur in einem System ohne Zeit erfüllt, in dem alle Entscheidungen simultan getroffen werden. Ausgeblendet wird dabei der Umstand, daß die Akteure zeitabhängige Entscheidungen nicht im voraus kennen können. Entscheidungen haben nicht nur eine Vorgeschichte, sie hängen auch vom aktuellen Geschehen, von Hoffnungen und Erwartungen ab und damit von einer Zukunft, die noch nicht da ist, die aber von den Entscheidungen in der Gegenwart erzeugt wird.[5] In der Form, in der sie sich seit dem 19. Jahrhundert entwickelt hat, ignoriert die Ökonomie gerade im Hinblick auf die unbekannte Zukunft den chronischen Wissensmangel, dem die Akteure in Entscheidungssituationen ausgesetzt sind. Statt dessen

1 Vgl. Heilbroner/Milberg 1995, S. 79. In der Wissenschaftstheorie spricht man in diesem Zusammenhang von »crucial experiments«, besonders anschaulichen Experimenten also, die dazu führen, daß eine bestimmte Theorie als überlegen anerkannt wird (vgl. u. a. Shackle 1955, S. 6f. und S. 25).

2 Vgl. Aglietta/Orléan 1982, S. 19.

3 Vgl. Stiglitz 2003, S. 580.

4 Aglietta und Orléan sprechen von einer »reduktionistischen Hypothese, nach der sich das Verhalten der Individuen summieren lasse« (1982, S. 18).

5 Vgl. Shackle, besonders 1972, S. 67ff.; 1988, S. 8ff.

konzentrierten sich die Wirtschaftswissenschaftler auf den Vergleich von Handlungsabläufen, deren Ergebnisse man als bekannt voraussetzte. Um in Modellen auch unzureichende Kenntnisse der Akteure berücksichtigen zu können, führten sie das Konzept der Wahrscheinlichkeit ein. Doch damit verzerrten sie ganz fundamental deren Funktion:[6] Aus einer Disziplin, die ursprünglich zur Berechnung des Unsicheren entstanden war, wurde ein Instrument zur Erzeugung zusätzlicher Sicherheit.

Diese Verschiebung hat besonders schwerwiegende Folgen, weil die Unsicherheit gerade in der Wirtschaft weniger ein Problem darstellt als vielmehr eine Ressource. Doch als solche sollte sie nicht eliminiert, sondern interpretiert und strategisch genutzt werden. Diese »essentielle« Unsicherheit hat viel mit der Zeit zu tun, besonders mit der offenen und unvorhersehbaren Zukunft – wenn es diese nicht gäbe, dann gäbe es auch keine Ökonomie, zumindest nicht in der Art, wie wir sie kennen. Gerade die Akteure, die die Fähigkeit haben, Entwicklungen vorauszuahnen, Risiken einzugehen und Gelegenheiten zu nutzen, machen Gewinne. Akteure, die sich entscheiden, verwerfen einige Optionen und schaffen so kreativ neue Möglichkeiten. Ohne Unsicherheit wären Entscheidungen im eigentlichen Sinn des Wortes dabei gar nicht denkbar. Wenn alle vorher wüßten, was in der Zukunft passiert, dann gäbe es auch keine richtigen Entscheidungen, die später vom Markt belohnt werden könnten. Es ginge nur noch darum, verschiedene Optionen durchzurechnen und die profitabelste fehlerfrei umzusetzen. Doch unter den Bedingungen einer durchsichtigen Zukunft gäbe es weder Unternehmen noch Ge-

6 Vgl. Shackle 1988, S. 15.

winne, keine Ersparnisse und Investitionen, es gäbe nicht einmal Neuheiten oder Überraschungen.[7] Es gäbe nur die Wahrscheinlichkeit im Sinne der Spieltheorie: eine Berechnung prädeterminierter Optionen, die nicht wirklich überraschend sind, sondern lediglich Kombinationen schon bekannter Möglichkeiten darstellen; man setzt sich nicht wirklich mit der Zukunft auseinander, statt dessen findet eine »Verschmelzung von Gegenwart und Vergangenheit« statt, die es dem Akteur in der Entscheidungssituation ermöglicht, die Dinge zu durchblicken und eine Auswahl zu treffen. Dadurch wird ein Anschein von Sicherheit vermittelt, der Akteur kann auf der Grundlage nachvollziehbarer Kriterien entscheiden, sein Seelenfrieden bleibt ihm erhalten.[8] Der wahre Unternehmer hingegen sollte sich nie beruhigt zurücklehnen, denn der Sinn seines Tuns besteht gerade darin, durch sein Verhalten und seine unvermeidlich riskanten und unsicheren Entscheidungen permanent Neues zu schaffen. Wenn es anders wäre, womit hätte er sich dann seinen Gewinn verdient?

Auch in diesem Fall wird das Wahrscheinliche als ein Ersatz für das Sichere eingesetzt, als eine Fiktion also, die nicht real ist und auch nicht real sein soll, die jedoch der Person, die sich entscheiden muß, hilft, nachvollziehbare Entscheidungen zu treffen und so die zukünftige Realität zu beeinflussen. Indem die ökonomische Theorie die Zeit ausblendet und die Wahrscheinlichkeit wie einen (allerdings indirekten und lückenhaften) Hinweis auf die Realität behandelt, vernachlässigt sie diese Dimension vollständig. Damit ignoriert sie auch die reale Vielzahl an Beobachtern, die eben keine von vornherein versöhnte Auswahl treffen

7 Vgl. Shackle 1972, S. 68.
8 Vgl. ebd., S. 123.

und die deshalb die andere, nicht zu eliminierende Quelle der Unsicherheit darstellen, die sehr eng mit der Intransparenz der Zukunft verbunden ist:[9] Ich kann nicht wissen, wie das Morgen aussieht, da ich nicht voraussehen kann, wie sich die anderen verhalten werden, andererseits ist das Verhalten der anderen undurchschaubar, gerade weil sie ebensowenig wie ich die Zukunft kennen können und ich ihre Entscheidungen folglich nicht voraussehen kann. Die Akteure beobachten sich also gegenseitig, um Hinweise auf ihre jeweiligen Absichten und damit indirekt auch auf die zu erwartende Zukunft zu erhalten. Dabei ist ihnen bewußt, daß die anderen das gleiche tun und daß die zukünftige Realität von den so – komplex aber keineswegs zufällig – verflochtenen Unsicherheiten abhängt. Aus diesem Stoff, aus Spekulation und aus Konkurrenz, scheint ökonomisches Handeln gemacht zu sein, das Gewinn abwirft. Die Ökonomie belohnt denjenigen, der geschickt mit der Unsicherheit in der zeitlichen und in der sozialen Dimension umgeht.

John Hicks behauptet, daß die Wirtschaftswissenschaften gerade wegen ihrer unangemessenen Zeitauffassung ihren grundlegenden Anspruch aufgegeben hätten, in dem Sinn eine »Gegenwartswissenschaft« zu sein, in dem die Geschichte die Wissenschaft von der Vergangenheit ist.[10] Sie hätten sich der »alten« Kausalitätsvorstellung einer Ereigniskette verschrieben, in der jeder Wirkung immer eine Ursache vorausgeht, in der die Zeit eindeutig ist und nur in einer Richtung verläuft: von der Vergangenheit zur Gegenwart, nie umgekehrt.

9 »Die wichtigste Determinante des eigenen Verhaltens ist das Verhalten der anderen, und ihr Verhalten hängt vermutlich wiederum von ihren Erwartungen an das Verhalten anderer ab.« (Stiglitz 2003, S. 614)

10 Vgl. Hicks 1979.

Es gibt jedoch noch eine andere Vorstellung von Kausalität, die man als wechselseitig oder simultan bezeichnen könnte, in der die Ursache der Wirkung nicht vorausgeht, und in der ein Ereignis mehrere Ursachen haben kann. Mit diesem Konzept wird es auch möglich, Zeitverläufe zu berücksichtigen, in denen gegenwärtige Entscheidungen Auswirkungen auf die Vergangenheit haben können. Das wäre zum Beispiel der Fall, wenn vergangene Ereignisse neu interpretiert werden und sich dadurch ihre Bedeutung für die Gegenwart verändert, so daß wiederum die Komplexität gesteigert wird. Laut Hicks ist die simultane Kausalität die für die moderne Ökonomie charakteristische Form der Kausalität. Diese käme immer dann ins Spiel, wenn man die Zeit ernsthaft berücksichtige und adäquat zwischen Vergangenheit und Zukunft unterscheide.[11] In den heute verbreiteten statischen Modellen würden diese jedoch als ein und dasselbe behandelt. Die Wirtschaftswissenschaftler bedienen sich historischer Statistiken, um Prognosen zu entwickeln, die auf der Vergangenheit beruhen. Sie gehen dabei von der These aus, daß sich die Akteure an rationale ökonomische Prinzipien halten, daß sie etwa immer investieren, wenn sich die Gelegenheit bietet, Gewinn zu machen. Dabei wird allerdings die Instabilität der Präferenzen der Akteure nicht berücksichtigt, bei ihrer Modellierung im Rahmen von Nutzenfunktionen vernachlässigen die Ökonomen in der Regel den Einfluß der Zeit. Allerdings werden die Präferenzen in der jeweiligen Gegenwart zum Beispiel vom aktuellen Angebot oder von Zukunftserwartungen beeinflußt. Um adäquat mit diesem Problem umzugehen, müßte man einen Weg finden, die

11 Vgl. ebd., Kapitel V.

Zukunft, insbesondere ihre Undurchschaubarkeit, in ökonomischen Modellen zu berücksichtigen.[12] Auch Hicks betont den doppelten Zeitbezug zukünftiger Ereignisse: Sie beziehen sich auf die historische Zeit und auf die Gegenwart, in unseren Begriffen also auf die gegenwärtige Zukunft und die zukünftigen Gegenwarten. Gleichgewichtssituationen, die die Grundvoraussetzung aller aktuellen Theorien der Ökonomie darstellen, kann man nur dann nachweisen, wenn beide Bezüge übereinstimmen. Doch da dieser Zustand nur dann eintreten kann, wenn nichts Unerwartetes oder Überraschendes geschieht, ist die Bedingung alles andere als realistisch. In einer Welt, die Überraschungen und Innovationen bereithält und in der die Akteure paradoxerweise gelernt haben, mit ihnen zu rechnen,[13] wirken simultane Ursachen, und deshalb kann es in der Gegenwart keine (noch nicht einmal bedingte) Sicherheit geben.[14] Daraus folgt, daß sich die Berechnungen der Wahrscheinlichkeitstheorie nicht auf die Realität beziehen können. Es müssen also komplexere Analysemethoden entwickelt werden, die sich nicht länger nur auf die Untersuchung von Entscheidungsfindungsprozessen in der gegenwärtigen Zukunft beschränken, sondern auch in der Lage sind, die Auswirkungen dieser Entscheidungen in den Blick zu bekommen, die im Hinblick auf die zukünftigen Gegenwarten Ursachen sein werden.[15]

12 Vgl. ebd., Kapitel VI.
13 Zum Paradoxon der Überraschungserwartung vgl. Esposito 2005.
14 Vgl. Hicks 1979, S. 100-101.
15 Vgl. ebd., S. 106.

XIII. Theorie als Evolutionselement

Vor dem Hintergrund dieser Überlegungen kann man Stiglitz also nur zustimmen, wenn er davon ausgeht, daß sich die wirtschaftliche Dynamik besser als evolutionäre Prozesse denn durch Gleichgewichtsmodelle beschreiben läßt.[1] Evolution versteht er dabei nicht in dem Sinne kontinuierlicher Entwicklung, sondern als Schaffung von Innovationen, bei der bisher unangetastete Überzeugungen über Bord geworfen werden. Im Zuge evolutionärer Prozesse werden alte Sicherheiten aufgelöst, Unsicherheit entsteht. Allerdings sind evolutionäre Erklärungsmodelle (noch) nicht völlig ausgereift, der Ansatz würde überdies zur Aufgabe vieler Grundannahmen der herrschenden ökonomischen Theorie zwingen. Das gilt etwa für das Konzept des Gleichgewichts, die Theorie der Markteffizienz, den Glauben an die vollständige Information – und damit auch für das zugrundeliegende Verständnis der Wahrscheinlichkeit.

In der Definition der Systemtheorie liegt der Evolution die »Paradoxie der Wahrscheinlichkeit des Unwahrscheinlichen« zugrunde,[2] eine Formulierung, in der die bereits diskutierte Normalität des Zufalls zum Ausdruck kommt.[3] Das bedeutet, daß sich unter Berufung auf die Wahrscheinlichkeit keine verläßlichen Prognosen formulieren lassen, denn die Ergebnisse evolutionärer Prozesse werden erst im nachhinein als normal angesehen, während sie eigentlich aus zufälligen Konstellationen hervorgehen. In Analogie

1 Vgl. Stiglitz 2003, S. 614.
2 Luhmann 1997, S. 413.
3 Vgl. Kapitel V.

zu unseren Überlegungen zur Gaußkurve könnte man auch sagen, sie sind zufällig und normal zugleich. Wenn das nicht der Fall wäre, dann könnte man die Arbeit an einer modernen Evolutionstheorie, die von der Vorstellung der Schöpfung absieht und Innovation und Abweichung in den Mittelpunkt stellt, aufgeben. Eine gute Planungstheorie, möglicherweise auf der Grundlage des Probabilismus, wäre vollkommen ausreichend. Wie Luhmann selbst feststellt, ist die Wahrscheinlichkeit des Unwahrscheinlichen für die Statistiker nur »eine Trivialität« oder allenfalls eine Folge der »falschen Anwendung statistischer Begriffe«[4]. Im Gegensatz dazu erscheint einem Forscher, der sich mit Evolution beschäftigt, die Statistik als trivial. Das gilt insbesondere, wenn sie zur Erstellung von Prognosen herangezogen wird. Wie wir gesehen haben, hat die Wahrscheinlichkeitstheorie zum Zufall wenig zu sagen, und die Tatsache, daß eine bestimmte Situation als wahrscheinlicher gilt, gibt uns lediglich darüber Auskunft, was die Leute (oder zumindest kompetente Akteure) denken und erwarten. Über das, was tatsächlich passieren wird, sagt sie wenig aus. Wie wir vielmehr inzwischen wissen, sind Prognosen selbst ein Ergebnis und ein Moment der Evolution, die sie beim Aufbau einer komplexeren Welt verarbeitet.

Was bedeutet es aber unter diesen Umständen, das Wirtschaftsgeschehen mit den Begriffen der Evolutionstheorie zu beschreiben? Und an welcher Stelle kommt bei diesem Ansatz die Wahrscheinlichkeit ins Spiel? Ich bin nicht wirklich in der Lage, alle diese Fragen zu beantworten. Daher möchte ich am Beispiel eines »empirischen Falls« illustrieren, zu welchen Ergebnissen man gelangt, wenn man

4 Luhmann 1997, S. 414.

sich bei ökonomischen Studien vom bisherigen Verständnis der Wahrscheinlichkeit und Statistik löst und diese Konzepte im Sinne des hier entwickelten Ansatzes gebraucht. Ich habe dabei die Theorie der Nicht-Theorie im Auge, die George Soros unter dem Etikett der »Reflexivität« vorgestellt hat.[5] Da es bei diesem Ansatz explizit weder um die Wahrheit noch um die Erklärung von Ereignissen geht, handelt es sich weniger um eine Theorie als vielmehr um eine Art der Beschreibung evolutionärer Dynamiken vom Standpunkt eines daran beteiligten Beobachters aus, der die Beschreibung selbst als ein weiteres Element der Evolution nutzt. Reflexivität bezeichnet hier also Zirkularität im Feld der Ökonomie. Auch wenn sich Soros dabei theoretischer Konzepte bedient, beschäftigt sich sein Ansatz nicht mit Ideen, sondern mit Tatsachen. Zwar gehören dazu wiederum auch Ideen, sie machen allerdings nur einen geringen Teil der Tatsachen aus.

Gemessen am Formalisierungsniveau der herrschenden Theorien wirken Soros' Überlegungen natürlich wenig raffiniert, aber das ist nicht der springende Punkt. Es wäre die Aufgabe der Wirtschaftswissenschaftler, seine Hinweise in die Begriffe der Ökonomie zu übersetzen. Soros berichtet von der Verwaltung eines von ihm gegründeten Investmentfonds, des »Quantum Fonds«. Der Fonds entwickelte sich über Jahre hinweg sehr erfolgreich, er bescherte den Anlegern Renditen weit über dem Branchendurchschnitt. Für Soros kam dieser Erfolg keineswegs zufällig zustande, er führt ihn vielmehr auf den spezifischen und klar definierten Umgang mit der Unsicherheit zurück. Seine Entscheidungen basierten immer auf theoretischen Über-

5 Ich beziehe mich in diesem Abschnitt in erster Linie auf Soros 1994.

legungen, die allerdings mit gängigen ökonomischen Theorien wenig zu tun hatten. Deren Nutzen für die Praxis ist nach Soros ohnehin beschränkt, weshalb sich die Akteure auch nicht weiter für sie interessierten.[6] Das erklärt Soros damit, daß diesen Theorien jedes Bewußtsein für den fiktiven Charakter ihrer Modelle fehle. Es handle sich dabei weniger um ein theoretisches als um ein praktisches Problem, da die Ökonomen, die ihre Konstruktionen als Realitätsmodelle ausgeben, nicht in der Lage seien, die realen Auswirkungen ihrer Modelle zu erkennen.[7] Soros unterscheidet zwei Arten von Modellen: auf der einen Seite die technische Analyse, die sich bei der Prognose zukünftiger Entwicklungen auf Statistiken und Graphiken, etwa solchen der Preisentwicklung, stützt. Damit bedient sie sich also der Instrumente der klassischen Wahrscheinlichkeitsrechnung, mit der sich jedoch für Soros und seine Anhänger nicht reale Ereignisse, sondern lediglich die Wahrscheinlichkeiten in ihrer letztlich leeren Zirkularität voraussagen lassen.[8]

Wie wir noch sehen werden, geht Soros von einem ganz anderen Verständnis der Wahrscheinlichkeit aus. Auf der anderen Seite gibt es die Fundamentalanalyse, die naiv versucht, aus der Untersuchung ökonomischer Daten unmittelbar Empfehlungen für Investitionsentscheidungen abzuleiten. Dabei geht sie von der unrealistischen Annahme aus, daß die Individuen ihre Zielsetzungen und Alternativen kennen und an ihren Präferenzen über die Zeit hinweg festhalten.[9] Übersehen wird dabei allerdings, daß die Un-

6 Vgl. ebd., S. 54.
7 Vgl. ebd., S. 37.
8 Vgl. ebd., Soros 1994, S. 11 und S. 58.
9 Vgl. ebd, S. 37 und S. 58.

sicherheit selbst die Grundlage der wirtschaftlichen Dynamik darstellt. Die Unsicherheit läßt sich nicht neutralisieren oder reduzieren, da sie von der ökonomischen Entwicklung selbst immer wieder reproduziert wird. Daher sollte man sie nicht als Anomalie oder Störung, sondern als essentielle Eigenschaft des Wirtschaftslebens betrachten. Besonders ausgeprägt ist diese Unsicherheit auf den Finanzmärkten, wo »die Erwartungen hinsichtlich der Zukunft einen Einfluß auf das gegenwärtige Verhalten haben«[10] und die Akteure ihr Handeln an einer Zukunft ausrichten, die unter anderem das Ergebnis ihrer Handlungen sein wird. Diesen Zusammenhang bezeichnet Soros mit dem Begriff der Reflexivität, der auf die Intransparenz der wirtschaftlichen Entwicklung verweist. Das Wissen der einzelnen Akteure bleibt damit notwendigerweise unvollständig.[11] Die Individuen orientieren sich weniger an aktuellen Daten (z. B. Preisen) als vielmehr an ihren Erwartungen zur zukünftigen Entwicklung der Preise, und diese Erwartungen beeinflussen nicht nur den Verlauf der Ereignisse, sondern sie sind selbst nicht stabil, wodurch sich wiederum die Preise verändern.[12] Wie wir bereits sahen, ist weder die Wirtschaftswissenschaft noch die Wahrscheinlichkeitstheorie in der Lage, diese Schwankungen adäquat zu erfassen. Das bedeutet jedoch, daß Märkten keine Tendenz zum Gleichgewicht innewohnt. Sie neigen vielmehr zur Erzeugung und Verstärkung von Exzessen – auch wenn ein Exzeß schwer zu definieren und zu diagnostizieren ist, wenn die reale Realität nicht länger als Maßstab dienen kann.

10 Ebd., S. 17.
11 Vgl. ebd., S. 39.
12 Vgl. ebd., S. 22 und S. 37.

In unseren Begriffen zieht Soros daraus die Konsequenz, sich explizit auf der Ebene der Fiktion zu bewegen und sich darauf zu konzentrieren, nach welchen Regeln und anhand welcher Anhaltspunkte diese spezifische »Realität« konstruiert wird. Da die Indizien (Preise etwa, die als Hinweise für die zukünftige Entwicklung betrachtet werden), an denen die Akteure ihr Handeln ausrichten, sich auf etwas beziehen, das es nicht gibt, sind sie notwendigerweise »immer falsch«. Dabei muß der Begriff »falsch« hier in einer ganz bestimmten Weise verstanden werden, da man nicht von Verzerrung sprechen kann, wenn man nicht weiß, wie sich eine Situation entwickelt hätte, wenn sie nicht von den Erwartungen der Akteure beeinflußt worden wäre.[13] Genaugenommen sind die Modelle also korrekt, ohne jedoch im Sinne der realen Realität real zu sein. Der »Irrtum« liegt also in der Tatsache begründet, daß es sich um Fiktionen handelt. Und obwohl er dieses Problem selbst identifiziert hat, räumt Soros ein, daß nicht nur die Meinungen der anderen falsch sind, sondern auch seine eigenen.[14] Anders als bei einem einfachen Fehler zeigt sich die Korrektheit und Tragfähigkeit der Fiktion erst, wenn man die geheimnisvolle Kraft anerkennt, die diesen notwendig falschen Prognosen häufig innezuwohnen scheint, weil sie zukünftige Ereignisse exakt vorwegnehmen.[15] Das ist allerdings nur deshalb der Fall, weil sich die Realität der Fiktion anpaßt: Die Prognosen sagen die Zukunft nicht korrekt voraus, sondern die gegenwärtigen Prognosen selbst regulieren die zukünftigen Ereignisse in dem Sinn, daß die Absichten der Akteure selbst den Gang der Dinge beeinflussen. Nur einer

13 Vgl. ebd., S. 34.
14 Vgl. ebd., S. 24.
15 Ebd., S. 24 und S. 60.

falschen Prognose, die diese Zirkularität in Rechnung stellt, kommt eventuell eine Art von Korrektheit »zweiter Ordnung« zu. Im Grunde genommen handelt es sich dabei also um denselben Mechanismus, den wir bereits bei der *fiction* beobachtet haben: Diese entwirft explizit eine Scheinrealität, die allerdings keine Lüge ist, sondern eine irreale, aber realistische Realität, die es dem Leser ermöglicht, sich in der realen Welt zu bewegen – bis sich diese Welt schließlich der Fiktion angleicht. Wie schon im Fall der *fiction* sind also auch im Bereich der Ökonomie die falschen Vorstellungen der Handelnden alles andere als zufällig: Soros selbst zieht häufig Statistiken, Graphiken, Umfragen und Projektionen heran. Er betont, daß das große Verdienst seines Modells gerade im Gebrauch quantifizierbarer Variablen liege.[16] Außerdem greift er ständig auf die Ergebnisse der Fundamentalanalyse zurück, allerdings nicht, um damit sein Handeln an die Welt anzupassen, sondern ausschließlich zur Überprüfung der Fiktion: »Somit können die Erwartungen nicht vollkommen willkürlich sein: Sie müssen ihren Ursprung in etwas anderem als in sich selbst haben.«[17] In unseren Begriffen bedeutet das: Die Realitätsverdoppelung ist keine reine Phantasie, sondern eine Gliederung des Bereichs des Realen in verschiedene Realitäten, die aufeinander bezogen bleiben. Die Unterscheidung real/fiktiv würde ohne die Scheinrealität als semantisches »Gegenstück« der realen Realität nicht funktionieren, die den ständigen Bezug auf ein »anderes« braucht, gegen das sie sich überhaupt erst als anders und nicht als nicht »wirklich« definiert.

Doch wie funktioniert diese Unterscheidung? Wie be-

16 Vgl. ebd., S. 65.
17 Ebd., S. 88.

zieht sich die Fiktion auf die reale Realität? Der Bezug zur Welt dient der Korrektur der Fiktion – oder anders ausgedrückt: Die Prognosen müssen streng sein, damit man sie angesichts der tatsächlichen Ereignisse Schritt für Schritt korrigieren kann. Genau dieser Vorgehensweise verdankt sich angeblich Soros' Vorsprung gegenüber anderen Spekulanten, deren Erfolgschancen sich umgekehrt proportional zu ihrem Ansehen entwickeln: Sie gehen nämlich von der falschen, auch von der klassischen Nationalökonomie vertretenen Annahme aus, daß Preise und andere Referenzdaten die Realität widerspiegeln und man deshalb gar nie genug über sie wissen kann. Dabei ist es für die Investoren überhaupt nicht notwendig, alles zu wissen, denn sonst wären sie in laufenden Prozessen unweigerlich zu unbeweglich und zu langsam.[18] Kurz: Weil sie den Anspruch haben, alles über die Welt zu wissen, entgeht ihnen das relevante Wissen über die Fiktionen, die am Ende den Lauf der Dinge bestimmen.

Soros unterscheidet klar zwischen Erfolg und Prognosefähigkeit. Die Prognosefähigkeit seines Modells hat sich als sehr niedrig erwiesen, sie liegt sogar noch unter der klassischer Modelle wie etwa den Kondratieff-Wellen. Da jedoch reflexive Prozesse ihrer Natur nach kaum prognostiziert werden können, stört ihn dies überhaupt nicht.[19] Für ihn macht daher der operative Erfolg den Unterschied aus, und in dieser Hinsicht war sein Modell ausgesprochen nützlich. Allerdings ist sein Erfolg auch darauf zurückzuführen, daß konkurrierende Fondsmanager anders vorgingen – eine soziale Komponente, die in reflexiven Ansätzen ebenfalls einbezogen werden muß. Der Vorteil lag in der Fähigkeit,

18 Vgl. ebd., S. 24 und S. 66.
19 Vgl. ebd., S. 31 und S. 328.

einen konzeptionellen Rahmen zur Verfügung zu stellen, der sowohl das Verständnis des Ereignisverlaufs im Moment des Geschehens als auch die Beobachtung der vorherrschenden Erwartungen erlaubt.[20] Diese können sich als trügerisch erweisen oder, gerade wegen der zugrundeliegenden Prognosen, sogar selbst zerstören. Dies tut der Einschätzung keinen Abbruch, denn das Modell läßt die Berichtigung falscher Erwartungen zu, was viel wichtiger ist als die hypothetische Formulierung gültiger Erwartungen.[21] Das Modell erlaubt es, den Moment zu bestimmen, an dem es nicht mehr richtig funktioniert und Veränderungen erfordert. Auf diese Weise bietet es die Möglichkeit, in »Übereinstimmung« mit dem reflexiven Prozess der Finanzmärkte zu handeln und so die sich bietenden Chancen zu nutzen.[22] Für einen Ansatz, der von der operativen Verwicklung des Beobachters in die Prozesse, die er zu begreifen sucht, ausgeht, ist dieser Faktor ausschlaggebend, und auf ihn führt Soros selbst tatsächlich seinen Erfolg als Spekulant zurück. Die extrem niedrige Prognosefähigkeit folgt daraus beinahe automatisch, wenn man bedenkt, daß Vorhersagen darauf abzielen, Entwicklungen zu erwarten, die sich dann nicht konkretisieren: Der Scherz, nach dem ökonomische Modelle sieben der beiden letzten Rezessionen vorausgesagt haben, ist wohlbekannt.

Um die Funktion seiner Methode zu veranschaulichen, stellt Soros ein sogenanntes »Echtzeitexperiment« vor: Dabei handelt es sich um eine Fallstudie zu einer Investitionsentscheidung, die Soros ein Jahr lang genau beobachtete. An den entscheidenden Punkten erläutert er die theoreti-

20 Vgl. ebd., S. 320.
21 Vgl. ebd., S. 325.
22 Vgl. ebd., S. 24 und S. 327.

schen Überlegungen, die ihn bewogen haben, so und nicht anders zu handeln. Diesen werden dann die tatsächlich erzielten Ergebnisse gegenübergestellt.[23] Typisch für seine Methode ist dabei die permanente Beobachtung des Marktes und der verfügbaren Statistiken, die aber immer nur als indirekte Indikatoren für die jeweiligen Reaktionen und die davon beeinflussten eigenen und fremden Erwartungen benutzt werden. Das ist die (fiktionale) Realität, an der sich Investoren in Entscheidungssituationen orientieren. Soros' Analyse bezieht sich also ausschließlich auf die Ebene der Fiktion. Ihre Systematisierung erlaubt es ihm (so behauptet er zumindest), sich genauere Vorstellungen zu machen, eigene Erwartungen ständig zu überwachen und, wenn nötig, kontrolliert zu modifizieren. Während des Experiments verändern sich Erwartungen und Zielsetzungen mehrfach in einem zyklischen Anpassungsprozeß, der allerdings nicht zu einem Gleichgewichtszustand führt und noch viel weniger zu einer besseren Erkenntnis der Wahrheit. Mit der Anwendung von Soros' Konzept der Reflexivität geht vielmehr ein reflexiver Prozeß einher, der die Tendenz hat, sich selbst zu sabotieren: Eine Serie von Erfolgen geht häufig dem Zusammenbruch voraus. Wenn die Risiken allerdings groß sind und auch als solche erkannt werden, kann man sich darauf verlassen, daß sie abgeschwächt werden.[24] Der endgültige Erfolg einer Investition sagt letztlich nichts aus über die wissenschaftliche Gültigkeit des Ansatzes. Das Modell ist nützlich, weil es hilft, Gewinne zu erzielen. Zu diesem Zweck greift es selbst in den Gang der Dinge ein, wodurch es wiederum seine wissenschaftliche Gültigkeit und das Eintreten der eigenen Pro-

23 Vgl. ebd., S. 155-311.
24 Vgl. ebd., S. 190f.

gnosen sabotiert. Soros beansprucht, damit eine Anleitung für erfolgreiche Spekulationsgeschäfte entwickelt zu haben. Es handelt sich zwar um ein Modell, allerdings bildet es nicht die Welt ab, sondern die Wirkung der Fiktionen in der realen Welt.[25] Es ist an der Wissenschaft zu entscheiden, was sich daraus machen läßt.[26]

Soros hat selbst auf die niedrige Prognosefähigkeit seines Modells hingewiesen.[27] Eigentlich ist das wenig überraschend, da Prophezeiungen zu einer archaischen Welt gehören, in der es noch keine Realitätsverdoppelung gibt. Wir haben bereits auf das Beispiel des Ödipus hingewiesen, für den die Prophezeiung gerade durch die Versuche, ihr zu entgehen, in Erfüllung geht. Tatsächlich gingen Prophezeiungen immer in Erfüllung. Für den Fall, daß die Realität abwich, irrte eben die Realität und nicht die Prophezeiung. Die Auslegung war falsch und folglich auch die damit verbundene Sicht auf die Welt, nicht aber die Prognose. Wir haben bereits angedeutet, daß unter den Bedingungen der Zirkularität einige Elemente der Weissagungspraxis wiederaufgegriffen werden. Vielleicht legt aber gerade die äußerst niedrige Prognosefähigkeit von Soros' Modell eine andere Parallele zwischen der eindeutigen, nicht »verdoppelten« Realität und der vollendeten Realitätsverdoppelung, die die Realität der Fiktion und ihre Konsequenzen anerkennt, nahe. Soros' Art des Umgangs mit Prognosen und Statistiken scheint nämlich eine sozusagen »negative« prophetische Fähigkeit zu haben: Ist die Prophezeiung erst

25 Vgl. ebd., S. 329.

26 Im systemtheoretischen Verständnis handelt es sich um einen besonders eindrucksvollen Beweis für den Unterschied zwischen der soziologischen Theorie eines bestimmten Funktionssystems (in diesem Fall des Wirtschaftssystems bzw. des Finanzmarktes) und den Reflexionstheorien dieses Systems (vgl. Luhmann 1988, S. 141 ff.).

27 Soros 1994, S. 320ff.

einmal formuliert, neigt sie dazu, sich nicht zu erfüllen.[28] Das ist keine große Überraschung: Solange die Fiktion, als Prognose mehr oder weniger wahrscheinlicher Tendenzen oder als explizite Erfindung ohne Folgen für die Welt, der Realität untergeordnet ist, kann sie sich ihre mehr oder minder eindeutige Identität erhalten; wenn sie sich allerdings mit der realen Realität vermischt, dann entgeht sie nicht länger dem internen Paradoxon, gleichzeitig fiktiv und real zu sein. Wenn sie vorgibt, die zukünftige Entwicklung exakt vorauszusagen, wird sie sich notwendigerweise widersprechen. Wird sie jedoch ein Teil der Realität, so büßt sie ihre Autorität ein. So betrachtet bietet Reality-TV im Gegensatz zu fiktionalen Programmen nicht die Möglichkeit, etwas zu beobachten. Es ist lediglich ein banales Fernsehformat.

28 Man könnte von einer »self-defeating prophecy« sprechen.

XIV. Die Realität des Virtuellen

Wir leben in einer Zeit, in der die reale Realität immer undurchsichtiger wird. Dieser Zustand wirft Fragen und Schwierigkeiten auf, es eröffnen sich allerdings auch neue Perspektiven. Bisher fehlen uns noch die Begriffe, mit denen wir uns in dieser neuen Welt orientieren können. Ein gutes Beispiel dafür ist die konfuse Debatte über die »Virtualität«. Seit technologische und theoretische Innovationen, etwa in den Bereichen der Telekommunikation, Informatik oder Kybernetik, die Erzeugung virtueller Welten ermöglichen, reißt die Diskussion nicht ab. Was nun aber wirklich das Neue an dem Konzept ist und wie das Virtuelle unser Leben verändern wird, ist noch weitgehend ungeklärt.[1] Aus einer kulturpessimistischen Position heraus wird der fehlende Realitätsbezug oder gar der Verlust der Realität selbst beklagt, optimistischere Autoren verfallen angesichts der kreativen Freiheiten, die die virtuellen Welten zu versprechen scheinen, in Euphorie. In beiden Fällen bewegt sich die Diskussion jedoch zwischen den Polen der Realität und der Nicht-Realität bzw. Virtualität.

Meines Erachtens sind die Dinge wesentlich komplizierter. Das Argument, das diesen Essay wie ein roter Faden durchzog, greift semantische Materialen wieder auf, die schon im 17. und 18. Jahrhundert im Hinblick auf Realität, Wahrscheinlichkeit und Fiktion formuliert wurden. Warum sie in der späteren Diskussion verlorengingen, wäre dabei ein interessanter Gegenstand einer soziologischen Studie. Diese Überlegungen betrafen sowohl den

1 Vgl. beispielsweise Benedikt 1991, Rheingold 1995 [1992], Maldonado 1992, Waffender 1991, Krämer 1998.

Realitätsstatus der ausdrücklichen Fiktion, also der Romane oder der *fiction* im allgemeinen, die sich in einem langwierigen Prozeß aus dem semantischen Umfeld von Lüge und Halluzination emanzipieren mußte, als auch die Realitätsfiktionen der Wahrscheinlichkeitstheorie als ersten Versuch, eine Wissenschaft der Unsicherheit zu entwickeln. In beiden Fällen wäre es eine unzulässige Vereinfachung, die Debatte auf den Gegensatz von Realität und Nicht-Realität zu reduzieren, zumal man dadurch die soziale Relevanz dieser Formen vernachlässigen würde, die grundlegende Konsequenzen für die ganze Gesellschaft hatten.

Der auf den ersten Blick überaus einfache Vorschlag, den wir mit unserem Ansatz verfolgten, bestand in der typisch systemtheoretischen Überlegung, die Ausrichtung auf eine Einheit (die Realität *oder* ihr Gegenteil) durch die Ausrichtung auf eine Differenz zu ersetzen: die Differenz Realität/Fiktion. Das bedeutet aber, daß man immer beide Seiten der Unterscheidung im Auge haben muß, da ihr Sinn sich jeweils nur aus dem Verweis auf das Gegenteil erschließt: Man kann die Realität nicht verstehen, wenn man Formen und Bedeutung der Fiktion nicht kennt. Fiktion dagegen ist etwas anderes als reine Phantasie, weil sie eine eigene Realität entwirft und die fiktive Realität reale Auswirkungen hat.[2] Würde man die Fiktion daher lediglich als irreal charakterisieren, würde das der Komplexität des Gegenstandes nicht gerecht: Einerseits sind fiktionale Texte,

2 In den Begriffen der Systemtheorie würde man von einem »re-entry« der Unterscheidung Realität/Fiktion auf der Seite der Realität sprechen, da auch die Fiktion eine reale Tatsache ist – mit all den damit unvermeidlich verbundenen paradoxen Folgen. Das Konzept des »re-entry« wurde von George Spencer-Brown entwickelt (1972, S. 56ff., Luhmann 1990, S. 83ff. und S. 189f.; 199a, S. 45ff. und S. 179ff.).

Filme usw. selbst Bestandteil der Realität, andererseits können wir die Realität oft nur indirekt, mit Hilfe von Statistiken und stochastischen Verfahren erfassen. Doch diese sind, wie wir gesehen haben, selbst Formen der Fiktion. Wenn wir unsere Kategorien also in der Form revidieren, die ich in diesem Essay vorgeschlagen habe, dann wird das auch in der Praxis Folgen haben.

George Spencer-Brown, der sich intensiv mit den Paradoxa der Wahrscheinlichkeitstheorie beschäftigt hat, erklärte bereits vor einem halben Jahrhundert, daß es an der Zeit sei, »ein altes metaphysisches System durch ein neues zu ersetzen«[3]. Natürlich könnte man nun lange darüber diskutieren, was unter Metaphysik zu verstehen ist. Doch wenn Spencer-Brown damit andeuten will, daß wir das Verhältnis von Realität und Unsicherheit überdenken sollten, dann stellt sich diese Aufgabe in einer zunehmend »virtuellen« Gesellschaft, die noch nicht so recht weiß, wie ihr eigentlich geschieht, dringender als je zuvor.

3 Spencer-Brown 1996, S. 10.

Bibliographie

Aglietta, Michel/Orléan, Andrè (1982): La violence de la monnaie. Paris: Presses Universitaires de France.

Agnew, Jean-Christophe (1986): Worlds Apart. The Market and the Theater in Anglo-American Thought 1550-1750. Cambridge University Press.

Akerlof, George (1970): The Market for ›Lemons‹: Quality Uncertainty and the Market Mechanism, in: The Quarterly Journal of Economics 84 (August 1970), S. 488-500.

Aristoteles (1994): Peri Hermeneias. Werke, Band 1, 2. Teilband. Berlin: Akademie-Verlag.

Aristoteles (1994a): Poetik. Zweisprachige Ausgabe, übersetzt und herausgegeben von Manfred Fuhrmann. Stuttgart: Reclam.

Backhouse, Roger E. (1994): Economists and the Economy: The Evolution of Economic Ideas, 2. Auflage. New Brunswick/London: Transaction.

Baudrillard, Jean (1991): La guerre du Golfe n'a pas eu lieu. Paris: Galilée.

Baudrillard, Jean (1996): Das perfekte Verbrechen. München: Matthes und Seitz.

Becker, Gary S. (1988): Der ökonomische Ansatz zur Erklärung menschlichen Verhaltens. Tübingen: Mohr.

Benedikt, Michael (1991): Cyberspace. First Steps. Cambridge: MIT Press.

Blumenberg, Hans (1964): Wirklichkeitsbegriff und Möglichkeit des Romans, in: Jauß, H. R. (Hg.): Nachahmung und Illusion. Poetik und Hermeneutik I. München: Fink, S. 9-27.

Brunschvicg, Leon (1949): L'expérience humaine et la causalité physique. Paris: Presses Universitaires de France.

Byrne, Edmund F. (1968): Probability and Opinion. A Study in the Medieval Presuppositions of Post-Medieval Theories of Probability. Den Haag: Martinus Nijhoff.

Carnap, Rudolf (1950): Logical Foundations of Probability. Chicago University Press.

Ceccarelli, Giovanni (2003): Il gioco e il peccato. Economia e rischio nel tardo Medioevo. Bologna: Il Mulino.

Coleman, James S. (1973): The Mathematics of Collective Action. Chicago: Aldine.

Coleman, James S. (1986): Individual Interests and Collective Action: Selected Essays. Cambridge University Press.

Coleman, James S. (1987): Free Riders and Zealots, in: Cook, Karen S. (Hg.): Social Exchange Theory. Newbury: Park Sage.
Coumet, Ernest (1970) : La théorie du hasard est-elle née par hasard?, in: Annales. Économies, Sociétés, Civilisations XXV/1, S. 574-598.
Dacunha-Castelle, Didier (1997): Spiele des Zufalls: Instrumente zum Umgang mit Risiken. München: Gerling-Akademie-Verlag.
D'Agati, Marina (2004): Gioco d'azzardo e modernità in prospettiva sociologica, in: Rassegna italiana di sociologia XLV/1, S. 79-102.
Daston, Lorraine (1987): Rational Individuals versus Law of Society: From Probability to Statistics, in: Krüger et al. (Hg.), S. 295-304.
Daston, Lorraine (1988): Classical Probability in the Enlightenment. Princeton University Press.
David, Florence N. (1962): Games, Gods and Gambling. The Origins and History of Probability and Statistical Ideas from the Earliest Times to the Newtonian Era. London: Charles Griffin.
Davis, Lennard J. (1983): Factual Fictions. The Origins of the English Novel. New York: Columbia University Press.
De Finetti, Bruno (1980): Probabilità, in: Enciclopedia X. Torino: Einaudi, S. 1146-1187.
De Finetti, Bruno (1981): Wahrscheinlichkeitstheorie: Einführende Synthese mit kritischem Anhang. Wien, München: Oldenbourg.
Douglas, Mary/Wildavsky, Aaron (1982): Risk and Culture: An Essay on the Selection of Technological and Environmental Dangers. Berkeley: University of California Press.
Eco, Umberto (1992): Die Grenzen der Interpretation. München: Hanser.
Esposito, Elena (1995): Illusion und Virtualität: Kommunikative Veränderung der Fiktion, in: Rammert, Werner (Hg.): Soziologie und künstliche Intelligenz. Frankfurt a. M.: Campus, S. 187-216.
Esposito, Elena (1998): Fiktion und Virtualität, in Krämer, Sybille (Hg.): Medien – Computer – Realität. Frankfurt a. M.: Suhrkamp, S. 269-296.
Esposito, Elena (2002): Soziales Vergessen. Formen und Medien des Gedächtnisses der Gesellschaft. Frankfurt a. M.: Suhrkamp.
Esposito, Elena (2004): Die Verbindlichkeit des Vorübergehenden: Paradoxien der Mode. Frankfurt a. M.: Suhrkamp.
Esposito, Elena (2005): Geplante Neuheit: die Normalität der Reform, in: Esposito, Elena / Corsi, Giancarlo (Hg.): Reform und Innovation in einer unstabilen Gesellschaft. Stuttgart: Lucius & Lucius, S. 51-60.
von Foerster, Heinz (1982): Observing Systems. Seaside: Intersystems Publications.
Foucault, Michel (1971): Die Ordnung der Dinge. Frankfurt a. M.: Suhrkamp.

Galton, Francis (1889): Natural Inheritance, London: Macmillan.
Gigerenzer, Gerd (2004): Das Einmaleins der Skepsis. Berlin: Berlin Verlag.
Grossman, Sanford J. (1989): The Informational Role of Prices. Cambridge: MIT Press.
Habermas, Jürgen (1962): Strukturwandel der Öffentlichkeit. Neuwied: Luchterhand.
Hacking, Ian (1975): The Emergence of Probability. Cambridge University Press.
Hacking, Ian (1990): The Taming of Chance, Cambridge University Press.
Hathaway, Baxter (1968): Marvels and Commonplaces. Renaissance Literary Criticism. New York: Random House.
Heilbroner, Robert/Milberg, William (1995): The Crisis of Vision in Modern Economic Thought. Cambridge University Press.
Herodot (2001): Das Geschichtswerk des Herodot von Halikarnassos. Frankfurt a. M.: Insel.
Hicks, John (1979): Causality in Economics. Oxford: Basil Blackwell.
Hocke, Gustav René (1977): Die Welt als Labyrinth. Manier und Manie in der europäischen Kunst. Reinbek bei Hamburg: Rowohlt.
Huff, Darrell (1956): Wie lügt man mit Statistik. Zürich: Sanssouci.
Husserl, Edmund (1977): Die Krisis der europäischen Wissenschaften und die transzendentale Phänomenologie. Hamburg: Meiner.
James, William (1890): Principles of Psychology, Vol. 2. New York: Holt.
Jauß, Hans Robert (1983): Zur historischen Genese der Scheidung von Fiktion und Realität, in: Henrich, Dieter/Iser, Wolfgang (Hg.): Funktionen des Fiktiven. München: Fink, S. 423-431.
Jorland, Gérard (1987): The Saint Petersburg Paradox 1713-1937, in Krüger et al. (Hg.), S. 157-190.
Kahneman, Daniel/Slovic, Paul/Tversky, Amos (Hg.) (1982): Judgement under Uncertainty: Heuristics and Biases. Cambridge University Press.
Keynes, John Maynard (1973): A Treatise on Probability, in: The Collected Writings of John Maynard Keynes. London: MacMillan.
Knight, Frank H. (1921): Risk, Uncertainty and Profit. Boston: Houghton Mifflin.
Knorr Cetina, Karin/Bruegger, Urs (2002): Global Microstructures: The Virtual Societies of Financial Markets, in: American Journal of Sociology 107/4, S. 905-950.
Koselleck, Reinhart (1979): Der Zufall als Motivationsrest in der Geschichtsschreibung, in: Koselleck, Reinhart: Vergangene Zukunft. Zur Semantik geschichtlicher Zeiten. Frankfurt a. M.: Suhrkamp, S. 158-175.

Krämer, Sybille (Hg.) (1998): Medien – Computer – Realität. Frankfurt a. M.: Suhrkamp.
Krüger, Lorenz et al. (Hg.) (1987): The Probabilistic Revolution II. Cambridge: MIT Press.
Ladrière, Jean (1968): Preface, in: Byrne, Edmund F.: Probability and Opinion. A Study in the Medieval Presuppositions of Post-Medieval Theories of Probability. Den Haag: Martinus Nijhoff, S. VII-XVIII.
Leibniz, Gottfried Wilhelm (1996): Neue Abhandlungen über den menschlichen Verstand. 2 Bände. Frankfurt a. M.: Suhrkamp.
Lo, Andrew W./MacKinlay, Craig (1999): A non-random walk down Wall Street. Princeton University Press.
Lovejoy, Arthur (1985): Die große Kette der Wesen: Geschichte eines Gedankens. Frankfurt a. M.: Suhrkamp.
Luhmann, Niklas (1976): The Future Cannot Begin: Temporal Structures in Modern Society, in: Social Research 43, S. 130-152.
Luhmann, Niklas (1984): Soziale Systeme. Frankfurt a. M.: Suhrkamp.
Luhmann, Niklas (1988): Die Wirtschaft der Gesellschaft. Frankfurt a. M.: Suhrkamp.
Luhmann, Niklas (1989): Individuum, Individualität, Individualismus, in: Gesellschaftsstruktur und Semantik. Studien zur Wissenssoziologie der modernen Gesellschaft, Band III. Frankfurt a. M.: Suhrkamp, S. 149-258.
Luhmann, Niklas (1990): Die Wissenschaft der Gesellschaft. Frankfurt a. M.: Suhrkamp.
Luhmann, Niklas (1990a): Identität – was oder wie? In: Soziologische Aufklärung 5, Opladen: Westdeutscher Verlag, S. 14-30.
Luhmann, Niklas (1991): Soziologie des Risikos. Berlin/New York: de Gruyter.
Luhmann, Niklas (1992): Beobachtungen der Moderne. Opladen: Westdeutscher Verlag.
Luhmann, Niklas (1992a): Die Beschreibung der Zukunft, in: Luhmann (1992), S. 129-148.
Luhmann, Niklas (1992b): Ökologie des Nichtwissens, in: Luhmann (1992), S. 149-220.
Luhmann, Niklas (1995): Die Realität der Massenmedien. Opladen: Westdeutscher Verlag.
Luhmann, Niklas (1997): Die Gesellschaft der Gesellschaft. Frankfurt a. M.: Suhrkamp.
Luhmann, Niklas (1997a): Selbstorganisation und Mikrodiversität: Zur Wissenssoziologie des neuzeitlichen Individualismus, in: Soziale Systeme 3/I , S. 23-32.
Luhmann, Niklas (2000): Die Religion der Gesellschaft. Frankfurt a. M.: Suhrkamp.

Luhmann, Niklas (2000a): Organisation und Entscheidung. Opladen: Westdeutscher Verlag.
Maldonado, Tomas (1992): Reale e virtuale. Mailand: Feltrinelli.
Margolis, Howard (1982): Selfishness, Altruism and Rationality. Cambridge University Press.
Mayer, Thomas (1993): Truth versus Precision in Economics. Brookfield: Edward Elgar.
Nelson, William (1973): Fact or Fiction. The Dilemma of the Renaissance Storyteller. Cambridge: Harvard University Press.
Perrow, Charles (1987): Normale Katastrophen. Frankfurt a. M.: Campus.
Poovey, Mary (1991): Figures of Arithmetic, Figures of Speech: The Discovery of Statistics in the 1830's, in: Chandler, J./Davidson A. I./ Harootunian, H. (Hg.): Questions of Evidence. Proof, Practice and Persuasion across the Disciplines. London und Chicago: The University of Chicago Press, S. 401-421.
Popper, Karl R. (1994): Vermutungen und Widerlegungen. Tübingen: Mohr.
Porter, Theodore M. (1986): The Rise of Statistical Thinking 1820-1900. Princeton University Press.
Quételet, Adolphe (1921): Soziale Physik oder Abhandlung über die Entwicklung der Fähigkeiten des Menschen. Jena: Fischer.
Rheingold, Howard (1995): Virtuelle Welten: Reisen im Cyberspace. Reinbek bei Hamburg: Rowohlt.
Schoffeniels, Ernest (1984): Anti-Zufall. Stuttgart: Hirzel.
Schütz, Alfred (1932): Der sinnhafte Aufbau der sozialen Welt. Wien: Springer.
Schumpeter, Joseph (1965): Geschichte der ökonomischen Analyse. Göttingen: Vandenhoeck und Ruprecht.
Shackle, George Lennox Sherman (1955): Uncertainty in Economics. Cambridge University Press.
Shackle, George Lennox Sherman (1972): Epistemic & Economics. A Critique of Economic Doctrine. Cambridge University Press.
Shackle, George Lennox Sherman (1988): Business, Time and Thought. London: MacMillan.
Shapiro, Barbara J. (1983): Probability and Certainty in Seventeenth-Century England. Princeton University Press.
Sidney, Philip (1595): The Defence of Poesie. London: Ponsonby.
Smithson, Michael (1989): Ignorance and Uncertainty. Emerging Paradigms. New York, Berlin u. Heidelberg: Springer.
Soros, George (1994): Die Alchemie der Finanzen: Wie man die Gedanken des Marktes liest. Kulmbach: Börsenbuch-Verlag.
Spencer-Brown, George (1972): Laws of Form. New York: Julian.

Spencer-Brown, George (1996): Wahrscheinlichkeit und Wissenschaft. Heidelberg: Carl-Auer-Systeme Verlagsbuchhandlung.

Stiglitz, Joseph E. (2003): Information and the Change in the Paradigm in Economics, in: Arnott, R./Greenwald, B./Kanbur, R./Nalebuff, B. (Hg.): Economics in an Imperfect World. Essays in Honor of Joseph E. Stiglitz. Cambridge: MIT Press, S. 569-639.

Strange, Susan (1986): Casino Capitalism. Oxford: Basil Blackwell.

Swedberg, Richard (1990): Economics and Sociology. Princeton University Press.

Swedberg, Richard (Hg.) (2000): Entrepreneurship. The Social Science View. Oxford University Press.

Swedberg, Richard (2003): Principles of Economic Sociology. Princeton University Press.

Venn, John (1962): The Logic of Chance. 4. Auflage. New York: Chelsea Publishing Company.

Vernant, Jean Pierre (1965): Mythe et pensée chez les Grecs. Etudes de psychologie historique. Paris: Maspero.

Waffender, Manfred (Hg.) (1991): Cyberspace. Ausflüge in virtuelle Wirklichkeiten. Reinbek bei Hamburg : Rowohlt.

Warnke, Frank J. (1972): Versions of Baroque. European Literature in the Seventeenth Century. New Haven u. London: Yale University Press.

Weick, Karl (1995): Sensemaking in Organizations. Thousand Oaks: Sage.

White, Harrison C. (1981): »Where Do Markets Come From?«, in: American Journal of Sociology 87, S. 517-547.

Wildavsky, Aaron (1988): Searching for Safety. New Brunswick: Transaction Books.

Zadeh, Lotfi Asker (1987): Fuzzy Sets and Applications: Selected Papers. New York: Wiley.